Die Bedeutung der Bibel für kirchenleitende Entscheidungen

Die Bedeutung der Bibel für kirchenleitende Entscheidungen

Ein Grundlagentext des Rates der Evangelischen Kirche in Deutschland

Herausgegeben von der Evangelischen Kirche in Deutschland (EKD)

Bibliographische Information der Deutschen Nationalbibliothek
Die Deutsche Nationalbibliothek verzeichnet diese Publikation in der
Deutschen Nationalbibliographie; detaillierte bibliographische Daten
sind im Internet über *http://dnb.dnb.de* abrufbar.

© 2021 by Evangelische Verlagsanstalt GmbH · Leipzig
Printed in Germany

Cover: Anja Haß, Leipzig
Coverbild: Giorgio de Chirico: „Die beunruhigenden Musen", 1916–1918
(Ausschnitt) / akg-images / Album / Oronoz / © Giorgio de Chirico /
© VG Bild-Kunst, Bonn 2021
Satz: druckhaus köthen GmbH & Co. KG, Köthen
Druck und Binden: CPI books GmbH, Leck

ISBN 978-3-374-06994-1

www.eva-leipzig.de

Vorwort

Luthers Auftritt auf dem Wormser Reichstag vor genau 500 Jahren am 18. April 1521 gehört zu den Grunddaten der Reformationsgeschichte. Vor Kaiser und Reich weigerte sich Luther, seine Schriften und Thesen zu widerrufen. Er berief sich auf die Heilige Schrift und sein Gewissen, gegen das zu handeln „beschwerlich, unheilsam und gefehrlich" sei. Diese Haltung hat sich tief in die DNA des Protestantismus eingebrannt. Auf unzähligen Darstellungen wird der Reformator mit der aufgeschlagenen Bibel in der Hand abgebildet.

Zur Berufung auf die Bibel gehörte allerdings von Anfang an auch der Streit um die rechte Auslegung. Auf Luthers Zerwürfnis mit Rom folgten Auseinandersetzungen im eigenen Lager: Gestritten wurde um Bilderverbot, Säuglingstaufe, Widerstandsrecht, Gesetz und Evangelium und – immer wieder – um das Abendmahl. Der Streit um die Bibel und die konfessionelle Zersplitterung des Protestantismus scheinen nachträglich dem Humanisten Erasmus recht zu geben. Anders als Luther war er der Auffassung, dass für die rechte Auslegung der Schrift das kirchliche Lehramt und die kirchliche Tradition unverzichtbar seien. Der Reformator hielt dagegen an der Klarheit der Schrift fest. Oberster Maßstab und Prüfstein ihrer Auslegung könne immer nur die Schrift selbst sein, niemals eine äußere Instanz oder Autorität.[1]

---

1 Vgl. A. Kupsch, „Eindeutig umstritten. Klarheit und Umstrittenheit der Schrift bei Luther und in der neueren Schrifttheorie", in: C. Costanza u.a. (Hgg.), Claritas scripturae? Schrifthermeneutik aus evangelischer Perspektive, Leipzig: 2020, 91 f.

Bis heute bewegt sich evangelisches Selbstverständnis im Spannungsfeld zwischen Schriftbindung und dem Streit um ihre Auslegung. Die Aufklärung rückte die Sicht auf die Bibel als historisch gewachsene Textsammlung ins Zentrum. Neue Auslegungsmethoden eröffneten neue Zugänge zu biblischen Texten. Zugleich schärften sie den Blick für die Vielstimmigkeit der biblischen Zeugnisse.

Gegenüber der Reformationszeit hat sich wenig verändert. Innerhalb der evangelischen Kirche tobt bisweilen ein „hermeneutischer Bürgerkrieg" (Odo Marquard), auch wenn die Themen andere sind als im 16. Jahrhundert: Streit um Sühnopferlehre oder Schöpfungsverständnis oder um ethische Fragen wie Atomkraft, Krieg, Gentechnik, gleichgeschlechtliche Partnerschaften oder Sterbehilfe und – immer noch – das Abendmahl.

Im Streit um die rechte Auslegung ist die Versuchung groß, reformatorische „Klarheit der Schrift" mit Scheineindeutigkeiten zu verwechseln oder in subjektive Beliebigkeit aufzulösen. Hinzu kommt: Nur selten lassen sich Antworten auf heutige Fragen direkt aus der Bibel ableiten.

Das Ringen um ein gemeinsames Verständnis der Bibel ist oft mühsam. Es wird für jene zur Herausforderung, die in der Kirche Verantwortung tragen: angefangen bei Kirchenältesten, Pfarrerinnen und Pfarrern über die Mitglieder in Synoden bis hin zu den Kirchenleitungen. Sie alle sind herausgefordert, kirchliche Entscheidungen an der Bibel auszurichten und auszuweisen und zugleich sachgemäß nach Maßstäben menschlicher Klugheit zu entscheiden.

Der vorliegende Grundlagentext entwickelt hierfür das Modell des „Überlegungsgleichgewichts".[2] Unterschiedliche Instanzen der Urteilsbildung und biblische Einsichten sollen in einem Abwägungsprozess gewichtet, miteinander vermittelt und am Evangelium ausgerichtet werden. Erfahrungswissen und Einsichten aus den Wissenschaften werden zu biblischen Aussagen so ins Verhältnis gesetzt, dass die orientierende und bindende Kraft des Evangeliums zum Tragen kommt. Das ist gut reformatorisch. Bereits Luther hatte die biblischen Texte gewichtet, indem er sie auf Christus als „Mitte der Schrift" hin geordnet hat. Dabei hat er sich durchaus auch auf Vernunftgründe bezogen. Wie dies praktisch aussehen kann, wird anhand von Beispielen exemplarisch vorgeführt; zugleich wird deutlich, wie unterschiedliche Gewichtungen auch zu unterschiedlichen Ergebnissen führen können.

Zur Erfahrung der Kirche mit der Bibel gehören Momente geistlicher Vollmacht und prophetischer Klarheit. Für Luther gingen die Orientierung am Wortsinn und ein geistliches Verständnis Hand in Hand. Philologische Arbeit und Vertrauen auf das Wirken des Heiligen Geistes gehören zusammen und dürfen nicht gegeneinander ausgespielt werden. Die kirchlichen Bekenntnisse zeigen, dass Kirche sich aus dem Wort der Schrift und im Vertrauen auf den Heiligen Geist vom Evangelium her zu erneuern vermag.

Vor der Herausforderung, einen gemeinschaftlichen Umgang mit unterschiedlichen Lesarten der Bibel zu finden, wird die Kirche immer stehen. Differenzen aushalten, der Versuchung

---

2 S. u. S. 13 und S. 60.

widerstehen, abweichende Positionen moralisierend zu diskreditieren, immer unterscheiden zwischen der Wahrheit der Schrift und dem eigenen Zugang zu dieser Wahrheit, immer im Blick behalten, dass diese Wahrheit je von neuem errungen werden muss – darum geht es. Und das alles hilft, sowohl an der Überzeugung von der Klarheit der Schrift als auch an der kirchlichen Gemeinschaft festzuhalten.

Der Kammer für Theologie unter dem Vorsitz von Prof. Dr. Dr. h.c. mult. Christoph Markschies, Prof. Dr. Dr. h.c. Christine Axt-Piscalar und Prof. Dr. Dr. h.c. Michael Beintker danke ich im Namen des Rates der EKD sehr herzlich für die Erarbeitung dieses Textes. Er möge nicht nur bei jenen intensive Aufnahme finden, die in der Kirche Leitungsverantwortung tragen. Die Frage, wie wir die Bibel auslegen, ist für alle Christen von Bedeutung.

Hannover/München, im Juni 2021

Landesbischof Dr. Heinrich Bedford-Strohm
Vorsitzender des Rates der EKD

Inhalt

Einleitung: Schriftgebrauch in kirchen-leitendem Handeln

Zum Selbstverständnis evangelischer Kirchen gehört es, dass sie der Heiligen Schrift für die Begründung kirchlicher Lehre und Urteilsbildung eine hervorgehobene Bedeutung zuerkennen. Die Schrift in der Einheit von Altem und Neuem Testament soll als *„Richter, Regel und Richtschnur, nach welcher als dem einzigen Prüfstein alle Lehren erwogen und beurteilt werden"*(UG 675)[3], dienen, wie es die lutherischen Bekenntnisschriften formulieren und darin einen gemeinreformatorischen Grundsatz zum Ausdruck bringen.

Diese von den reformatorischen Kirchen – damals wie heute – gemeinsam geteilte Überzeugung bedarf, so selbstverständlich sie ist, doch genauerer Klärung, welche die vielfältigen Herausforderungen für den Schriftgebrauch im Zusammenhang kirchenleitenden Handelns in den Blick nimmt (1). Wie können wir die Bibel richtig verstehen? Wie ist mit der Vielfalt des biblischen Zeugnisses umzugehen? Wie damit, dass es zu einem Thema und Problem offenbar verschiedene Aussagen in der Bibel gibt? In welcher Bedeutung und Funktion kommt die Schrift zu stehen, wenn bezüglich eines Themas unabdingbar auch die Erkenntnisse anderer Wissenschaften zu berücksichtigen sind? Wie ist damit umzugehen, dass sich zu Themen unserer Gegenwart auf den ersten Blick betrachtet keine unmittelbaren Be-

---

3 Die Bekenntnisschriften werden zitiert nach: Unser Glaube. Die Bekenntnisschriften der evangelisch-lutherischen Kirche. Ausgabe für die Gemeinde, hg. v. Amt der VELKD, Gütersloh 2. Aufl. 2021.

züge auf biblische Texte ausmachen lassen? Zu diesen Fragen der Schrifthermeneutik gehört auch diejenige danach, welche Bedeutung die reformatorischen Bekenntnisse für den evangelischen Schriftgebrauch und im Zusammenhang evangelischer Urteilsbildung haben (2). Einige dieser Fragen sind durch das geschichtliche Verständnis der biblischen Texte und der reformatorischen Bekenntnisschriften noch einmal verschärft worden. Der Abstand zwischen unserer Gegenwart und diesen Texten rückt ins Bewusstsein. Um die Frage, inwiefern Schrift und Bekenntnis eine „normierende" Funktion für die kirchliche Lehre zukommen und wie dies im Prozess der Urteilsbildung zum Tragen kommt, wird verstärkt gerungen.

Damit sind zentrale Fragen benannt, die sich auftun, wenn nach dem evangelischen Schriftgebrauch in kirchenleitendem Handeln gefragt wird. Diese Fragen zu stellen, heißt nicht, ihre Problematisierung auf Dauer zu stellen. Es heißt zunächst nur, den Horizont an Fragen bewusst zu machen, in welchem der Prozess kirchlicher Urteilsbildung stattfindet.

Die *Leuenberger Konkordie* erinnert in LK Nr. 4 daran, von welchem Grundimpuls die Kirchen der Reformation getragen waren, indem sie sich dazu bekannten, dass „Leben und Lehre (der Kirchen) an der ursprünglichen und reinen Bezeugung des Evangeliums zu messen sei" (UG 924). Von diesem Grundimpuls verstehen sich die evangelischen Kirchen getragen, und diesen wollen sie als orientierende und prägende Kraft in ihrem kirchenleitenden Handeln umsetzen.

Dass evangelischer Schriftgebrauch das Evangelium zur Geltung bringt und was dies bedeutet für den jeweiligen Urteilsbildungsprozess, in dem eine Vielfalt von verschiedenartigen

Sachaspekten zu berücksichtigen und diese aufeinander zu beziehen sind, wird in dem folgenden Text mit dem Ausdruck „Überlegungsgleichgewicht" eingeholt (3). Dieser Ausdruck wird gebraucht, um zum einen die Vielfalt der Aspekte, zum andern die besondere Bedeutung, die innerhalb des Zusammenspiels der verschiedenen Aspekte dem Evangelium zukommt, deutlich zu machen. So verstanden, zielt der Ausdruck darauf, dass die verschiedenen Aspekte in einem Prozess der verantwortlichen Urteilsbildung nicht nur gegeneinander abgewogen werden, sondern in einer *gewichtenden, hierarchisierenden* Ordnung zur Geltung gebracht werden, indem dem *Evangelium* der *Vorrang* im Sinne der begründenden, orientierenden, prägenden Bedeutung für den Zusammenhang aller Aspekte zukommt. Eine Fallstudie zu 1. Kor 8,1–11 verdeutlicht dies anhand der Argumentation des Paulus, mit der er in einem Konflikt, der die Gemeinde in Korinth zu spalten droht, eine vom Evangelium geleitete kirchenleitende Orientierung gibt. Auch die Etüden (4) zu den Themen Teilnahme von Kindern am Abendmahl, Ordination von Frauen und Umweltethik geben Beispiele für das Zusammenspiel verschiedener Aspekte und ihre Orientierung am Evangelium und zeigen zugleich, wie die Orientierung am Evangelium zu einer vertieften Wahrnehmung einer Thematik führt und die Kirche dazu angehalten ist, sich in ihrem Lehren und Handeln vom Evangelium in diese Bewegung einer vertieften Wahrnehmung mitnehmen zu lassen.

Der Text setzt ein mit Ausführungen zu Aufgabe und Anspruch evangelischer Kirchenleitung und klärt das Verständnis kirchenleitenden Handelns. Bevor er dann in Teil 2 das reformatorische Schriftverständnis, die Bedeutung der historisch-kritischen Methoden und den Anspruch der Bekenntnisschriften für die Schrifthermeneutik behandelt, führt er in eine Fülle von

Aspekten, Herausforderungen, Erwartungshaltungen ein, in die das kirchenleitende Handeln eingebunden ist und die angesprochen werden müssen. Vor diesem Hintergrund fokussiert er sich sodann auf die zentrale Frage nach dem Schriftgebrauch im kirchenleitenden Handeln.

1. Herausforderungen für den Schriftgebrauch

1.1 Aufgabe und Anspruch evangelischer Kirchenleitung

Evangelischer Kirchenleitung ist aufgetragen, das Evangelium öffentlich zu verkündigen, die gemeinsame Bezeugung des Evangeliums zu gestalten und daher auch zu Fragen von Lehre und kirchlichem Leben Entscheidungen zu treffen, welche in den von den Kirchen verantworteten Stellungnahmen, Verlautbarungen, Orientierungshilfen und Grundlagentexten sowie in Kirchengesetzen und Lebensordnungen ihren Ausdruck finden. In der Wahrnehmung dieser Aufgabe dient die Kirchenleitung der Einheit der Kirche. Für diese Aufgabe werden getaufte Christinnen und Christen auf Zeit gewählt und berufen. In ihrem Dienst stehen sie im Dialog mit allen Mitgliedern der Kirche und darüber hinaus. Die von ihnen getroffenen Entscheidungen begründen und vertreten sie öffentlich. Das kirchenleitende Handeln soll von allen getauften Mitgliedern der evangelischen Kirche auf seine Schriftgemäßheit geprüft werden können, denn ein jeder Christenmensch hat das Recht und die Pflicht, die kirchliche Lehre am Evangelium zu prüfen. Kirchenleitendes Handeln muss sich nach evangelischem Verständnis in der Rezeption durch die Gliedkirchen und Gemeinden sowie auch auf der Ebene der weltweiten Kirche bewähren. Dabei vertrauen die Kirchen darauf, dass der Prozess der Rezeption in den Gemeinden vom Heiligen Geist getragen ist, der sie in die Wahrheit führt.

Kirchenleitendes Handeln wird für die folgenden Überlegungen konzentriert auf alle Formen von beauftragter und formal organisierter kollektiver Leitung in der Kirche bezogen. Sie umfasst Gemeindeleitung (Kirchenvorstand), Bezirkssynoden, landeskirchliche Synoden, die EKD, die konfessionellen Weltbünde, die Kirchengemeinschaft wie die GEKE und alle anderen kirchenleitenden Ebenen, auf denen gemeinschaftlich organisierte Prozesse kirchenleitenden Handeln stattfinden. In Deutschland bilden gemäß den Kirchenverfassungen bzw. Grundordnungen der Kirchen die zuständigen landeskirchlichen Gremien die übergeordnete Entscheidungsinstanz und nehmen als solche die letzte Entscheidungsverantwortung wahr. Für die ihr angehörenden lutherischen Landeskirchen hat die VELKD die Aufgabe der Wahrung der Einheit der lutherischen Gliedkirchen. Die UEK repräsentiert die Einheit der ihr zugehörigen unierten und reformierten Gliedkirchen. Die EKD wiederum stellt die Einheit der Gemeinschaft der konfessionellen Bünde und Gliedkirchen in ganz Deutschland dar. Alle Gliedkirchen der EKD sowie die EKD selbst haben die *Leuenberger Konkordie* unterzeichnet und stehen mit den Kirchen der Gemeinschaft Evangelischer Kirchen in Europa (GEKE) in Kirchengemeinschaft. Die lutherischen Kirchen sind zudem Mitglied im Lutherischen Weltbund. Die reformierten Kirchen sind Mitglied in der Weltgemeinschaft reformierter Kirchen. Die Zugehörigkeit einer Kirche zu der jeweiligen Gemeinschaft der Kirchen bedingt eine Rücksichtnahme auf die von der jeweiligen Kirchengemeinschaft für diese getroffenen kirchenleitenden Entscheidungen.

Kirchenleitendes Handeln ist auf allen Ebenen darauf ausgerichtet, für die Einheit der Kirche Sorge zu tragen. Dabei bleibt – auf welcher Ebene kirchenleitenden Entscheidens auch immer – für die evangelischen Kirchen die Ausrichtung am Evangelium Jesu Christi und der evangeliumsgemäßen Verwaltung der Sakramente der Maßstab, an dem kirchenleitende

Entscheidungen zu prüfen sind und an den die Rezeption in den Gemeinden gebunden ist. Hierzu gehört auch die Achtung der Bekenntnisgrundlage der jeweiligen Kirche. Das kirchenleitende Handeln bringt in seinen Entscheidungen die Ausrichtung am Evangelium zur Geltung, wie es zum Selbstverständnis evangelischer Kirchen gehört.

Am kirchenleitenden Handeln sind auch die theologischen Fakultäten beratend beteiligt. Viele Mitglieder theologischer Fakultäten wirken in kirchlichen Gremien mit. Die Fakultäten können zudem von den Kirchen um Gutachten für einen bestimmten Beratungsprozess gebeten werden.

Bei der konkreten Ausgestaltung ihrer Aufgaben sieht sich Kirchenleitung ganz verschiedenen Erwartungen gegenüber: Viele evangelische Christinnen und Christen erwarten klare und mutige Positionierungen in ethischen Fragen; andere verstehen die Kirche als Ort eines offenen Dialogs und erhoffen sich von Kirchenleitung vor allem integratives und pluralitätssensibles Auftreten. Manche legen Wert auf möglichst umfängliche Orientierung durch Kirchenleitung; viele wehren eine einheitliche Orientierung ab um der evangelischen Freiheit und der Gewissensbindung der Einzelnen willen. Für einige steht der Anspruch im Vordergrund, vor allem geistliche Angebote und Ermutigung im Glauben zu erfahren; andere fordern besonders ethische Orientierung für sich selbst und für die Gesellschaft. Ökumenische Gesprächspartner drängen auf präzise und verlässliche Lehrgehalte. Manche politischen und zivilgesellschaftlichen Akteure stört die kirchliche Beanspruchung ethischer Orientierung für gesamtgesellschaftliche Fragen, andere dagegen fordern sie regelrecht ein. Nicht zuletzt ist angesichts der komplexen Struktur evangelischer Kirchenleitung vielen nicht deutlich, wer in welcher Funktion für die evangelische Kirche spricht oder sprechen kann.

Der evangelische Anspruch an kirchenleitende Entscheidungen ist der, dass sie dem Evangelium entsprechen, wie es die biblischen Schriften bezeugen und wie es in den Bekenntnisschriften als Richtschnur kirchlicher Lehre zum Ausdruck gebracht ist, und dass sie dabei dem gegenwärtigen Stand von wissenschaftlicher Forschung sowie den gesellschaftsöffentlichen Debatten und kulturellen Entwicklungen angemessen Rechnung tragen.

Einer der gewichtigsten und zugleich strittigsten Punkte ist hierbei die Frage, wie die biblischen Schriften in kirchenleitenden Entscheidungen zur Geltung gebracht werden und auf welche Weise das in den biblischen Schriften bezeugte Evangelium kirchenleitendes Handeln im Blick auf die unterschiedlichen Themenfelder orientieren kann. Diese Frage steht im folgenden Text im Zentrum und wird als die *Frage nach dem Schriftgebrauch* oder als die *Frage nach dem Schriftprinzip* im Prozess kirchenleitenden Entscheidens und Handelns bezeichnet.

1.2 Herausforderungen für den Schriftgebrauch im Prozess kirchenleitenden Handelns

Zunächst seien einige Problemanzeigen formuliert, die deutlich machen, wie schwierig der Anspruch umzusetzen ist, sich im kirchenleitenden Handeln an der Bibel zu orientieren.

Wenn man aktuelle Prozesse kirchenleitenden Handelns betrachtet, ergeben sich diverse Herausforderungen für die biblische Orientierung. Diese rühren einerseits von der Funktionslogik von Kirchenleitung her und andererseits von der Eigenart der biblischen Texte. Einige seien genannt:

a) Entscheidungen sind unter permanentem Zeitdruck bzw. Zeitknappheit zu treffen. Kirchenleitung hat sich stets mit einer Fülle von Aufgaben und Problemen zu beschäftigen. Viele Probleme bedürfen zeitnaher Entscheidungen. Daher kann auch nur begrenzte Zeit für die Aufarbeitung der spezifischen Fachdebatten um die Auslegung von relevanten Bibeltexten und ihrer kirchengeschichtlichen Wirkung aufgewendet werden. Insofern bedarf es einer umsichtigen Planung von Beratungs- und Entscheidungsprozessen. Wichtige und weitreichende Entscheidungen bedürfen ausreichender Kommunikations- und Austauschmöglichkeiten sowie längerer Zeitspannen. Die Dringlichkeit, zu aktuellen Fragen Stellung zu nehmen, und die gebotene Gründlichkeit in der Beratung müssen sorgfältig abgewogen werden.

b) Entscheidungsgremien wie zum Beispiel Synoden verfügen nur im Ausnahmefall über exegetische Expertise. Die komplizierte Debattenlage in der Exegese macht es für Nicht-Exegeten schwierig, ein Urteil über eine angemessene Auslegung einzelner Bibeltexte zu fällen. Ebenso herausfordernd ist es, über ethische Fragen zu entscheiden und nur begrenzt Fachwissen über die jeweilige Sachmaterie zu haben und sich in den wissenschaftlichen Debatten zu orientieren. Das gleiche gilt für Fragen der Dogmatik, für kirchengeschichtliche Zusammenhänge, für praktisch-theologische und für juristische Perspektiven. Daher ist es notwendig, an den Beratungen jeweils Expertinnen und Experten zu beteiligen und dabei auch die Pluralität der Auffassungen in den jeweiligen Fachdisziplinen zu berücksichtigen.

c) Kirchenleitende Entscheidungen sollen Orientierung geben, Klarheit schaffen und zugleich vermittelnde und integrierende Wirkung haben. Das hat zur Folge, dass Kirchenleitung in der Spannung steht, eine konkrete Position zu vertreten, dabei zugleich bestimmte Standpunkte als nicht angemessen auszuweisen und damit tendenziell ausgrenzend zu wirken. Kirchenleitende Entscheidungsgremien haben von daher stets zu prüfen, ob um der Bezeugung des Evangeliums willen eine bestimmte normative Entscheidung wirklich notwendig ist, und auch, auf welcher Ebene von Kirchenleitung sie angemessen und sinnvoll ist.

d) Viele kirchenleitende Entscheidungen betreffen im Konkreten Probleme, welche in der Bibel nicht direkt behandelt werden bzw. bei denen strittig ist, ob sie dort behandelt werden. Das hat zur Folge, dass eine direkte Anwendung von Bibelstellen auf den konkreten Problemfall vielfach nicht möglich bzw. immer strittig ist. Bei Problemen wiederum, die in der Bibel nicht direkt behandelt werden, wie etwa Sterbehilfe, PID, Digitalisierung, Künstliche Intelligenz, sind übergeordnete Prinzipien oder Leitvorstellungen aus der Bibel zu bedenken, auf die man sich bezieht und die für das konkrete Problem zu berücksichtigen sind (etwa das Menschenbild, das Verständnis von Person). Doch auch dann ist nicht selten strittig, auf welches der übergeordneten Prinzipien man sich bezieht (zum Beispiel im Blick auf die Frage des gerechten Friedens die Bedeutung des Tötungs- und Gewaltverbots und die Herstellung bzw. Sicherung des Friedens).

Diese Strittigkeit ist auszuhalten in der Annahme, dass alle am Diskurs Beteiligten sich um eine evangeliumsgemäße Interpretation des christlichen Glaubens bemühen. Der Diskurs sollte dabei so geführt werden, dass die Ausrichtung am Evangelium und die Suche nach Gemeinsamkeiten und Konsensen in den Vordergrund gestellt werden. Die Aufgabe von Kirchenleitung kann in bestimmten Fällen durchaus auch darin bestehen, die Strittigkeit der Auffassungen nicht zugunsten einer bestimmten Auffassung aufzulösen, sondern die Vielfalt möglicher Positionen anzuerkennen. Wenn jedoch kirchenrechtlich verbindliche Entscheidungen gefällt wurden, sind diese auch konsequent umzusetzen. Dabei müssen die begrenzte Reichweite und die Korrekturfähigkeit solcher Entscheidungen im Bewusstsein bleiben.

e) Der Anspruch an Kirchenleitung, sich an den biblischen Texten zu orientieren, wird auch dadurch erschwert, dass von den biblischen Texten her Folgendes zu beachten ist: Zum gleichen konkreten Stichwort bzw. Problem gibt es in ihnen verschiedene Positionen und Perspektiven. Eine weitere Herausforderung stellt die Verschiedenheit der Gattungen der biblischen Texte dar: Nur ein sehr kleiner Teil der biblischen Texte ist in der Form von als Rechtstexten verfasst oder als direkte ethische oder dogmatische Orientierung formuliert. Biblische Texte entfalten ihre theologische Bedeutung oft nicht in Form einer primär begrifflichen Argumentation, sondern in Form von Erzählung, Gleichnis, Bekenntnis und Gebet.

Dies erfordert es, dass bei der Suche nach biblischer Orientierung nicht einseitig die begrifflich normativen Texte bevorzugt werden dürfen, sondern Orientierung im Hören und Lesen der biblischen Texte als ein mehrdimensionales, den Menschen in seinen rationalen, emotionalen, biographischen und leiblichen Bezügen bewegendes Geschehen ernst genommen wird.

1.3 Intentionen bei der Beanspruchung des Schrift-
prinzips für kirchenleitende Entscheidungen

Angesichts der Herausforderungen, die der angemessene Schriftgebrauch für kirchenleitende Entscheidungen darstellt, ist auch zu fragen, mit welchen Gründen die Orientierung durch die biblischen Texte bei kirchenleitenden Entscheidungen auf evangelischer Seite eingefordert und vertreten wird. Bei all diesen Intentionen ist kritisch zu bedenken, inwiefern diese jeweils durch den Schriftbezug überhaupt erfüllt und eingelöst werden. Folgende Intentionen und ihre mögliche Infragestellung sind zu nennen:

*a) Vergewisserung, das dem Evangelium Gemäße zu vertreten
und zu tun*

Der christliche Glaube sucht, sein Denken und Tun am Evangelium auszurichten und sich vom Evangelium kritisch hinterfragen zu lassen. Das Evangelium ist ihm wiederum nicht in bloßen Satzwahrheiten gegeben, sondern erschließt sich im Glauben an Jesus Christus und wird im Glauben zur existenzbestimmenden Wahrheit für den Einzelnen wie für die Gemeinschaft der Glaubenden. Glaubende Menschen drücken ihre Frage nach dem, was dem Evangelium gemäß ist – und was Luther in dem sieht, „was Christum treibet", und die Reformatoren insgesamt als Rechtfertigung des Sünders aus reiner Gnade verstehen –, auch noch in anderen Begriffen aus: als Suche nach der wahrhaft christlichen Existenz, nach dem Weg der Nachfolge Jesu, nach dem Leben als Kinder Gottes oder als Weg der radikalen Liebe.

Eine Vergewisserung in demjenigen, was dem Evangelium gemäß ist, in sozusagen rein formaler Hinsicht – durch unmittelbaren

Bezug auf einzelne biblische Textstellen – ist unter evangelischen Bedingungen problematisch. So richtet Luther sich entschieden gegen jene, die „aus einem Text ein Wankelwort herauszwacken, das ihrem Dünkel gefällt, und dazu fahren lassen, was daneben steht" (WA 23,225,4f.). Man kann auch unchristliche Verhaltensweisen mit Bibelstellen zu legitimieren suchen. Beispiele aus der Kirchengeschichte gibt es genug: Sklaverei, Kolonialismus, strukturelle Benachteiligung von Frauen oder Gewalt gegen Kinder.

Der Schriftbezug wäre auch falsch verstanden, wenn er als Entlastung von persönlicher Verantwortung begriffen würde. Der Bezug auf die Schrift legitimiert zwar, aber entbindet niemanden davon, für eine Entscheidung die Verantwortung zu übernehmen und die Entscheidung im Einklang mit seinem Glauben, seinem Gewissen und seinen Einsichten zu treffen. Das in der Schrift wirksame Evangelium ermutigt und bestärkt die Übernahme von Verantwortung. Evangelische Kirchenleitung schneidet individuelle Verantwortungsübernahme nicht ab, sondern sie geschieht aus Verantwortung und zielt auf persönliche Verantwortungsübernahme.

Das sorgfältige Lesen und Hören der biblischen Texte ist auf argumentatives Mitdenken, auf dialogischen Austausch und auf das persönliche Gewissen angewiesen. Für diesen lebendigen Zusammenhang, in dem sich das Zeugnis der Schrift zur Geltung bringt, vertrauen Christinnen und Christen auf das Wirken des Heiligen Geistes. Es ist der eine Heilige Geist, der im Glauben an Jesus Christus bei den Verfassern und bei den Leserinnen und Lesern der Schrift wirkt. In solchem Vertrauen auf das Wirken des Heiligen Geistes treffen auch Kirchenleitungen ihre Entscheidungen; und die Gemeinden bitten um den Beistand des Heiligen Geistes für deren leitendes Handeln.

b) Freiheit gegenüber politischem, kulturellem, persönlichem, ökonomischem Druck durch Bindung an das Zeugnis der Schrift

Die Bindung an Jesus Christus versetzt die Einzelnen und die Kirche in die christliche Freiheit. Dies gilt es gegenüber (lebens-)weltlichen Instanzen, welche Gehorsam nahelegen und Druck ausüben, zur Geltung zu bringen. Das aber lässt sich nicht umstandslos und nicht in jeder Hinsicht auf kollektive Entscheidungsprozesse übertragen. Kirchenleitung hat einen größeren Verantwortungsbereich, als dies für die individuelle Verantwortlichkeit des Einzelnen gilt. Kirchenleitung hat von daher immer neu zu entscheiden, welche begründeten Kompromisse einzugehen sind und an welchen Stellen deutlich Widerstand zu leisten ist. Kirchenleitung hat dabei auch die Aufgabe, die einzelnen Christen und Christinnen in ihren unterschiedlichen Gestaltungen und Interpretationen der Nachfolge zu schützen, beispielsweise sowohl strikt pazifistisch orientierte evangelische Christinnen und Christen als auch diejenigen, die es als legitime Aufgabe des Staates ansehen, in bestimmten Fällen militärische Gewalt auszuüben. Dazu kommt, dass jede Schriftauslegung ihrerseits in kulturelle, politische und ökonomische Situationen und Interpretationen eingebunden ist und sich an ihnen stets neu zu bewähren hat.

Die Freiheit, zu der das Evangelium befreit, besteht nicht allein und auch nicht primär in der Bindung an bestimmte Prinzipien und Normen, wie sie in biblischen Texten enthalten sind, sondern auch und grundlegend darin, im Vertrauen auf den Heiligen Geist in jeder Situation neu nach der Bedeutung des Glaubens an den gekreuzigten und auferstandenen Jesus Christus zu fragen und sie auf die Herausforderungen der Gegenwart zu beziehen. Die Vertiefung in die biblischen Texte stärkt den Glauben an Jesus Christus. Die Bibel regt an, ermutigt und sensibilisiert zu einem Selbst- und Weltverständnis im Geiste des Evangeliums. Als solches eröffnet die Schriftlektüre ein Erleben der Freiheit der Kinder Gottes. Die Bibelauslegung ermöglicht es immer wieder neu, den eigenen Lebens- und Erfahrungshorizont zu überschreiten und im Licht des Evangeliums Zusammenhänge unserer Selbst- und Welterfahrung tiefer und anders verstehen zu lernen.

c) Vergewisserung des konfessionellen Profils

Auch die katholische Kirche – um nur eine der ökumenischen Partnerkirchen zu nennen – orientiert sich an der Schrift und bezieht diese in ihre kirchenleitenden Entscheidungen mit ein. Die ökumenischen Lernprozesse haben gezeigt, dass und wie die konfessionell verschiedenen Kirchen sich auf die Schrift beziehen; sie haben auch Unterschiede im Schriftgebrauch deutlich werden lassen. Die ökumenischen Gespräche der Kirchen sind davon geleitet, im gemeinsamen Hören auf die Schrift dem Wirken des Heiligen Geistes Raum zu geben und Gemeinschaft in der Vielfalt zu erfahren. Die dialogisch-ökumenische Lektüre der biblischen Texte und das gemeinsame Hören auf die Verkündigung des Evangeliums in Gottesdiensten und Andachten hat das Verstehen der Bibel vertieft. Die Rückbindung an die Bibel kann nicht (mehr) als das konfessionelle Unterscheidungsmerkmal dienen. Die Betonung der notwendigen, insbesondere auch traditionskritischen Orientierung kirchenleitender Entscheidungen durch die Bibel ist jedoch eine derjenigen Gaben, welche vor allem die evangelischen Kirchen in die ökumenischen Dialoge eingebracht haben und einbringen.

*d) Wahrung der Einheit und Gemeinschaft mit anderen christli-
chen Kirchen*

Der dialogische Austausch über die konkrete Schriftauslegung
wirkt verbindend und lässt die Gemeinschaft der Christenmenschen erfahren, auch über sprachliche und kulturelle Grenzen
hinweg. An der Schriftauslegung scheiden sich aber auch oft-
mals die Geister. Die unterschiedliche Schriftauslegung trennt
Gemeinden, theologische Lager und Kirchen. Solche Unter-
schiedlichkeit in christlicher Liebe auszuhalten, gehört zu den
besonders schwierigen Herausforderungen christlichen Lebens
seit der Zeit der ersten christlichen Gemeinden.

Je genauer man versteht, *warum* jemand die Bibel für seine Situation anders auslegt, umso leichter wird es auch, trotz dieser
Verschiedenheit gemeinsam zu glauben, Gottesdienst zu feiern
und einander zu unterstützen. Dabei kann erfahren werden,
dass die Interpretation der biblischen Texte sowohl die individuelle Aneignung des Glaubens befördert als auch den Sinn
und Geschmack für gemeinschaftliches Christsein. Je mehr
dabei die Fülle der biblischen Texte verkündigt, ausgelegt und
bedacht wird – anstatt sich auf nur wenige Bibelstellen zu konzentrieren –, umso leichter kann sich auch das Gemeinsame des
Glaubens in der Vielfalt seiner Bezeugungen zeigen.

*e) Vermittlung von Kontinuität der Kirche und ihrer je konkreten,
gegenwärtigen Situation*

Jede Gottesdienstgemeinde ist ganz Kirche, aber nicht die ganze
Kirche. Die Gottesdienstgemeinde ist Kirche, indem in ihr Jesus
Christus lebendig ist, in welchem alle Christinnen und Christen
eins sind. Die konkrete Vergegenwärtigung dieser raum- und

zeitübergreifenden Verbundenheit mit allen anderen Christenmenschen geschieht durch das Hören auf das eine Evangelium, das Beten des gemeinsamen Vaterunsers, das Bekenntnis des Glaubens und durch die Feier der Sakramente im Vertrauen auf das Wirken des Heiligen Geistes. Darin ist jede Gottesdienstgemeinde mit der Kirche an allen Zeiten und zu allen Orten verbunden. In all diesen Vollzügen ist Schriftauslegung präsent. Durch die eigene Schriftauslegung im Horizont der Schriftauslegung in der Kirchengeschichte und in der gegenwärtigen Ökumene wird die Kirche als Auslegungsgemeinschaft aller Glaubenden erfahrbar. Dialogische Schriftauslegung ist eine der wesentlichen Wege, um christliche Einheit in versöhnter Vielfalt zu gestalten.

2. Das reformatorische Schriftverständnis, die Bedeutung der historisch-kritischen Methoden und die hermeneutische Funktion der Bekenntnisse für den Schriftgebrauch

Die reformatorischen Kirchen verstehen sich als Kirchen, in denen die Schrift für Leben und Lehre grundlegend ist. Gerne wird dieses Selbstverständnis mit dem Stichwort *„sola scriptura"* charakterisiert. Doch wie ist es zu verstehen, und in welcher Weise kommt es in den Vollzügen kirchenleitenden Entscheidens und Handelns zum Zuge? Lassen sich aus dem Schriftverständnis und dem Schriftgebrauch der Reformatoren Einsichten für die gegenwärtige Praxis kirchenleitender Entscheidungen gewinnen? Leben wir nicht in einer anderen Zeit, die von ganz anderen Fragen und Herausforderungen geprägt ist? Ist unser durch die historisch-kritischen Methoden beeinflusster Zugang zu den biblischen Texten nicht gänzlich verschieden von dem der Reformatoren? Wozu also soll die Rückbesinnung auf den Schriftgebrauch der Reformatoren dienen?

Im Horizont dieser Fragen werden im Folgenden Überlegungen zu den Grundsätzen reformatorischen Schriftgebrauchs, zu den Herausforderungen und Leistungen der historisch-kritischen Schriftauslegung und zur Bedeutung der reformatorischen Bekenntnisse für kirchenleitende Entscheidungen vorgestellt.

2.1 Die vielfache Gestalt des Wortes Gottes und das Evangelium von Jesus Christus

Wenn die Reformatoren bzw. die Bekenntnisse der Reformationszeit von der Bibel als dem „Wort Gottes" reden oder sie als „Heilige Schrift" bezeichnen, dann in der Überzeugung, dass in und durch die Worte der Schrift Gott selbst zum Menschen spricht.

In ihrer Vorrede wird die *Confessio Augustana* als ein Bekenntnis der Evangelischen darüber eingeführt, *„was und wie sie auf der Basis der Heiligen Schrift [...] predigen, lehren, halten und unterweisen"*(CA Vorrede; UG 42). In CA 28 bezeichnet Melanchthon die Bibel in ihrer Ganzheit als *„heilige, göttliche Schrift"* (UG 92). Die *Schmalkaldischen Artikel* spitzen den reformatorischen Schriftgebrauch wie folgt zu: *„Gottes Wort soll die Glaubensartikel aufstellen und sonst niemand"* (SA II.2; UG 401).

Calvin hält in der *Institutio* fest: *„Deshalb kann die Bibel nur dann den Gläubigen gegenüber volle Autorität erlangen, wenn sie gewiss wissen, dass sie vom Himmel herab zu ihnen kommt, als ob Gottes eigene Stimme hier lebendig vernommen würde."* (Institutio I, 7,1)

Zugleich und weitaus häufiger bekennen sich die reformatorischen Bekenntnisschriften und die Reformatoren insgesamt zum Evangelium von Jesus Christus als dem maßgeblichen Wort Gottes in der Vielfalt der biblischen Texte (CA 5; SA III,4). Auch die Taufe kann als *„Gottes Wort im Wasser"* (SA III.5; UG 420), das Abendmahl als *„Brot und Wein, in Gottes Wort gefasst"* (Gr. Kat.; UG 626) verstanden werden.

Wie verhalten sich diese vielfältigen Redeweisen vom Wort Gottes zueinander?

Die Reformatoren folgen mit dieser vielschichtigen Redeweise einem Sprachgebrauch, der in den biblischen Texten selbst angelegt ist. Als „Wort Gottes" oder auch als „Heilige Schrift" gelten in den biblischen Texten des *Alten Testaments*

a) das schöpferische, in das Dasein rufende Wort (Gen 1,3 ff.; Ps 33,6.9)

b) die Selbstvorstellung Gottes, in der Gott sein Wesen kundgibt (Ex 3,6.14)

c) die Reden Gottes, in denen Gott beruft, erwählt, verheißt, richtet und seine Beziehung zum Gottesvolk erklärt und klärt (Gen 12,1–3; 15; 17; Ex 19; Hos 11,1–9; Jes 43,1; 54,10)

d) das prophetische Wort Gottes, das als wirksame Zusage und Verheißung zuverlässig ist (Jes 55,10 f.) und machtvoll heilsame, teils aber auch befremdend richtende Wirkung entfaltet (Jer 23,29)

e) das orientierend-weisende, lebensförderliche Wort (Ex 20; Dtn 32,47; Jes 2,3).

Das *Neue Testament* begreift unter Wort Gottes vor allem

a) Gottes Selbstmitteilung in Jesus Christus als dem endgültigen Wort Gottes (Offb 19,13; Joh 1,1; Hebr 1,1 f.)

b) das Evangelium von Jesus Christus als Gottes eigenes Wort (Röm 1,16 f.; 1 Kor 1,18; Gal 1,6–12)

c) die heiligen Schriften Israels, die von der frühen Kirche als Zeugnis des Evangeliums (Röm 1,1–2; 2Tim 3,14–15) gelesen und ausgelegt werden; ebenso die Jesusüberlieferung (1Kor 7,10; 1Thess 4,15) und die apostolischen Briefe (2Petr 3,15–16)

d) die christliche Verkündigung (1Thess 2,13; 1Petr 4,11).

Der Zusammenhang und die innere Differenzierung dieser neutestamentlichen Rede vom Wort Gottes sind vor allem in den Korintherbriefen des Apostels Paulus eindrücklich zu greifen:

a) Im Zentrum der paulinischen Verkündigung steht das versöhnende Heilshandeln Gottes in Jesus Christus: *„Gott war in Christus und versöhnte die Welt mit sich selbst"* (2Kor 5,19); Christus ist uns gemacht *„zur Weisheit, zur Gerechtigkeit, zur Heiligung und zur Erlösung"* (1Kor 1,30).

b) Dieses Versöhnungshandeln Gottes ist nicht zu trennen vom *„Wort von der Versöhnung"* (2Kor 5,19). In diesem Wort kommt Gott selbst zur Sprache und so zum Menschen. Das Christusgeschehen und das Zeugnis davon bilden das eine Handeln Gottes, durch das Gott dem sündigen Menschen Gemeinschaft mit sich gewährt. Versöhnungstat und Versöhnungswort gehören zusammen. Das Wort von der Versöhnung bezeichnet Paulus auch als das Wort vom Kreuz (1Kor 1,18), als Evangelium Christi (2Kor 2,12) bzw. Evangelium Gottes (2Kor 11,7) oder eben auch als Wort Gottes (2Kor 2,17; 4,2). Gottes Handeln in Jesus Christus ist der Inhalt des Evangeliums, und zugleich ist das Evangelium das Wort, durch das Gott selbst sich mitteilt. Darum kann das Evangelium bzw. das Wort vom Kreuz genauso wie Jesus Christus als

Kraft Gottes bezeichnet werden, die selig macht (vgl. 1Kor 1,18 und Röm 1,17 mit 1Kor 1,24).

c) Das Evangelium in Persona Jesu Christi ist von der apostolischen Verkündigung unterschieden, ohne davon getrennt werden zu können. Das Evangelium Gottes ist der christlichen Verkündigung vor- und aufgegeben als Dienst, der die Versöhnung predigt (2Kor 5,18–20). Jede Verkündigung muss sich an diesem Maßstab messen lassen (Gal 1,6–9). Dieses Evangelium gibt es nur in und mit der apostolischen Verkündigung, als *„Schatz in irdenen Gefäßen"* (2Kor 4,7), wobei sich das Zeugnis des Apostels seiner Fragmentarizität (1Kor 13,9) und zugleich seiner erhellenden und verwandelnden Kraft (2Kor 4,6) bewusst ist.

d) Dieses Evangelium Gottes ist *„zuvor verheißen durch seine Propheten in den heiligen Schriften"* (Röm 1,2). Nach paulinischer und frühchristlicher Überzeugung bezeugen die heiligen Schriften Israels das Evangelium (1Kor 15,3; vgl. auch Gal 3,8 und Röm 3,21) – und sie werden zugleich von Jesus Christus her und auf Jesus Christus hin ausgelegt (1Kor 10,4; 2Kor 3,14).

e) Die Verkündigung des Evangeliums zielt auf einen verstehenden Glauben. Der Glaube führt mit sich, dass die Glaubenden *„in allen Stücken reich gemacht (sind), in aller Lehre und in aller Erkenntnis"* (1Kor 1,5). Sie haben *„den Geist Gottes"* empfangen, dass sie *„wissen können, was (ihnen) von Gott geschenkt ist"* (1Kor 2,12). Dieser Gabecharakter schließt menschliche Verstehensbemühungen ein und hält dazu an, die Erkenntnis des Glaubens verständlich ins Wort zu fassen (1Kor 14,12–20).

Nur in diesem komplexen Zusammenhang kann von der Bibel angemessen als Wort Gottes geredet werden. Dafür ist wahrzunehmen, wie die Schrift selbst vom Wort Gottes spricht und wie die frühchristliche Verkündigung im Horizont des Christusgeschehens die Schrift als Wort Gottes gebraucht. Beides gehört zusammen und bildet eine Einheit: Die Schrift als geschriebenes Wort Gottes und ihr Gebrauch im Zusammenhang der frühchristlichen Verkündigung und des gottesdienstlichen Lebens. Darin kommt der Charakter der Schrift als Wort Gottes zum Tragen. Die Bibel wird als Wort Gottes verstanden, weil Gott selbst in ihr zur Sprache und so zum Menschen kommt: in der Befreiungsbotschaft von seinem erlösenden Handeln in der Geschichte Israels (Erwählung, Exodus) und im Evangelium von Jesus Christus. Die biblischen Texte werden gehört und ausgelegt als Gottes Wort im Menschenwort, das das endgültige Wort Gottes in Person und Wirken Jesu Christi bezeugt, die seligmachende Kraft Gottes gegenwärtig werden lässt und zu heutigem Zeugnis ermächtigt und ermutigt.

2.2 Das Evangelium von Jesus Christus als hermeneutischer Schlüssel der Schriftauslegung

Die Reformatoren haben die Bibel als Ganze in der Einheit von Altem und Neuem Testament als Heilige Schrift verstanden. Dabei bringen sie die „Mitte der Schrift" – das Evangelium von Jesus Christus, das, „was Christum treibet", wie Luther sagt – im Blick auf die Vielfalt der biblischen Texte hermeneutisch so zur Geltung, dass von dieser Mitte her und auf diese Mitte hin die ganze Schrift auszulegen und zu verstehen ist. Jesus Christus ist nicht nur die Sachmitte der Schrift. Das Evangelium von

Jesus Christus ist auch der Auslegungshorizont im Umgang mit der ganzen Schrift.

Dieser Grundsatz, das Christusgeschehen als hermeneutischen Schlüssel für das Verstehen der ganzen Schrift zum Zuge zu bringen, bestimmt die reformatorische Verhältnisbestimmung von Altem und Neuem Testament und die Auffassung von der Einheit der Schrift. Die Vielfalt des biblischen Zeugnisses vom Reden und Handeln Gottes wird durch das Verständnis von der im Christusgeschehen erschlossenen Einheit der Schrift nicht aufgehoben. Vielmehr wird es als Reden und Handeln des *einen* Gottes verstanden, der im Christusgeschehen die Erfüllung seiner Verheißungen und das eschatologische Heil der Welt heraufgeführt hat. Diese Auffassung von der Einheit der Schrift, die im Christusgeschehen ihr Zentrum hat, teilen alle Reformatoren. Das Bestreben aller, die Bibel lesen und Predigt hören, habe die Erkenntnis Christi zu sein, der das Ziel allen Forschens in der Schrift darstelle, hält Calvin im Blick auf die Schrift als Ganze fest.

Bei Calvin führt diese auf das Christusgeschehen bezogene Hermeneutik der Schrift nicht in der Weise wie bei Luther zu einer graduellen Gewichtung einzelner biblischer Texte oder auch ganzer Schriften gemessen an ihrem Charakter als Botschaft des Evangeliums. Calvin hält hier stärker an der Gleichrangigkeit aller biblischen Bücher als Wort Gottes fest. Bei Luther hingegen wirkt sich die Orientierung an Jesus Christus als der Mitte der Schrift im Schriftgebrauch darin aus, dass nicht alle einzelnen Bibelverse oder Schriften der Bibel ein gleichrangiges theologisches Gewicht haben. Luther konnte diese Überzeugung so zuspitzen, dass Christus nicht nur gegen einzelne Verse, sondern auch gegen eine einzelne Schrift aufzubieten sei, wenn ihre Inanspruchnahme die Botschaft von Jesus Christus als Evangelium verdunkelt. Es gibt Texte, die diese Mitte deutlicher und klarer zum Ausdruck bringen als andere. Auslegen und Verstehen im Licht des Evangeliums heißt dann, dass das Evangelium inhaltlich maßgeblich wird, und dies heißt auch: als kritisches Kriterium für die Auslegung von Einzelaussagen der Schrift.

Solche Orientierung am Evangelium von Jesus Christus als der Mitte der Schrift bedeutet auch, dass es eine *Gewichtung* der Inhalte der Schrift gibt, die sich von dieser Mitte herleitet. Es gibt Inhalte der Schrift, die unmittelbar mit dem Evangelium von Jesus Christus zusammengehören – wie etwa das Bekenntnis zu Gott dem Schöpfer und Vollender der Welt, die Auffassung vom Sündersein und der Erlösungsbedürftigkeit aller Menschen. Es gibt andere Inhalte, die in einem mittelbaren, gleichwohl noch engen Zusammenhang mit dem Evangelium stehen, wie man es von manchen Fragen der kirchlichen Praxis sagen kann. Gerade im Blick auf diese Fragen hat die kirchengeschichtliche Erfahrung gezeigt, dass der Stellenwert solcher Fragen und der Umgang mit ihnen nie ein für alle Mal feststeht, sondern zu unterschiedlichen Zeiten und in verschiedenen Kontexten unterschiedlich bestimmt werden kann.

Und es gibt auch solche Inhalte, die vom Evangelium her gesehen freigegeben sind für eine rein kontextgebundene (historische, kulturgeschichtliche) Auslegung – wie etwa das Tragen des Kopftuchs bzw. eine geordnete Haartracht im Gottesdienst oder das Schweigegebot für die Frauen. So kann es schon in der *Confessio Augustana* heißen, *„dass die Bischöfe und Pfarrer Ordnungen machen dürfen, nicht, als ob sie Dienst an Gott sind, oder die Vergebung der Sünde verdienen, sondern um der äußerlichen*

*Ordnung willen: dass es ordentlich und friedlich in den Kirchen zu-
gehe. Und die Bischöfe sollten diese Ordnungen den Kirchen nicht
auferlegen als Dinge, die zur Seligkeit notwendig sind, und um
die Gewissen zu belasten und es als Sünde betrachten, wenn man
es – ohne Ärgernis zu erregen – nicht einhält. So hat auch Paulus
angeordnet, dass die Frauen ihre Häupter in der Kirche bedecken
sollen [...]; nicht, dass die Gewissen beschwert werden, indem sie
es für notwendige Gottesdienste halten und [meinen], dass sie sündigen, wenn sie es, ohne Ärgernis zu erregen, unterlassen. Wie man
es ja auch nicht für Sünde halten würde, wenn eine Frau (sofern sie
damit keine Ärgernis erregt) mit unbedecktem Haupt in der Kirche
stünde."* (CA 28; UG 94 f.)

Schließlich gehen die Reformatoren von Inhalten aus, die für
die christliche Gemeinde ihre Geltung verlieren, wie etwa die
kultischen Regelungen des Alten Testaments, die nur für die jü-
dische Kultusgemeinde bestimmend sind.

Dabei bleibt die Rücksicht auf die Schwachen eine Maßgabe für
die durch das Evangelium entbundene Freiheit.

Diese Beispiele zeigen, dass um die angemessene Auslegung
der Schrift im Sinne des reformatorischen Schriftprinzips in
einem Prozess der Verständigung zu ringen ist. Reformatorischer Schriftgebrauch ist orientiert am geschriebenen Wort
Gottes in der Einheit von Altem und Neuem Testament; er legt
die Schriftaussagen jedoch nicht in wortwörtlicher Fixierung
auf den Buchstaben aus, sondern im Horizont des Christusgeschehens und unter Berücksichtigung der hermeneutischen
Einsichten, die sich daraus für den Umgang mit einzelnen
Schriftaussagen und der Vielfalt biblischer Themen ergeben,
um so die theologischen Einsichten zu gewinnen, die für die

evangelischen Kirchen leitend sind. In diesem Prozess der Verständigung geht es um die Frage,

- was vom Evangelium und der Schrift her unbedingt gesagt werden muss;

- was sich vom Evangelium und der Schrift her für diejenigen Fragen ergibt, die *in concreto* zur Debatte stehen;

- wie die zur Debatte stehenden Fragen von ihrem Verhältnis zur Evangeliumsbotschaft her und im Ganzen der Schrift in ihrer Bedeutung zu gewichten sind;

- wo die Herausforderung der konkreten Fragen für eine evangeliumsgemäße und schriftbegründete Auslegung liegt;

- und auch wo sie *nicht* liegt, wo es also um Fragen geht, die nicht in den Bereich einer unmittelbar evangeliumsgemäßen und biblisch begründbaren Auslegung fallen, das heißt Fragen, die im Detail einer anderen Logik der Entscheidungsfindung unterliegen.

2.3 Schrift und Heiliger Geist

Zur klassischen reformatorischen Lehre von der Heiligen Schrift gehört auch die Überzeugung, dass Schrift und Heiliger Geist in einem unauflöslichen Zusammenhang stehen. In der traditionellen Rede von der „Inspiration" der heiligen Schriften (2Tim 3,16; 2Petr 1,20 f.) ist zunächst die Überzeugung ausgedrückt, dass die heiligen Schriften für die christlichen Kirchen einen einzigartigen Vorrang vor allen anderen Zeugnissen haben. Dies galt in den frühchristlichen Gemeinden von den Schriften des Alten Testaments und wurde mit der Kanonisierung der Bibel auf die Einheit von Altem und Neuem Testament ausgeweitet. Viele Christinnen und Christen werden mit Recht auch das Evangelische Gesangbuch, das Apostolische Glaubensbekenntnis, die Katechismen oder ihre Kinderbibel als Zeugnis vom Wort Gottes empfinden, das ihnen vielfach zur lebendigen Anrede Gottes geworden ist.

Die biblischen Texte sind jedoch die Erst- und Grundgestalt aller christlichen Zeugnisse und haben darin einen einzigartigen Vorsprung vor jeder anderen christlichen Literatur.

Nach reformatorischer Auffassung führt die Schrift den Geist Gottes mit sich; und das Wirken des Geistes Gottes ist wiederum an die Schrift gebunden; an das Wort der Schrift gebunden, wirkt der Heilige Geist den Glauben, der Gottes Wort im Herzen erfasst. Der Geist Gottes wirkt in, mit und unter dem Wort der Schrift. *„Denn der Herr hat die Gewißheit seines Wortes und seines Geistes wechselseitig fest verknüpft"* (Calvin, Institutio I,9,3). Die Schrift ist „das *Organ, durch welches der Herr den Gläubigen die Erleuchtung seines Geistes zuteil werden läßt"* (Calvin, Institutio I,9,3). Es ist die Schrift, die den Geist mit sich führt und die auf diese Weise – wortgebunden-geistvermittelt – den Leser und die Leserin auslegt, indem sie Glauben weckt und den Menschen erneuert. Die Reformatoren sprechen vom „inneren Zeugnis", das der Heilige Geist wirkt und so den Glauben an Christus weckt und nährt. Diese geistgewirkte Wirksamkeit des Wortes Gottes gehört zu den grundlegenden Einsichten der Reformatoren: *„Beachte, dass das die Kraft der Schrift ist, dass sie nicht in den verwandelt wird, der sie studiert, sondern dass sie den, der sie liebt, in sich und in ihre Kräfte verwandelt."* (M. Luther, Dict. Ps.; WA 3, 397, 9–11)

Diese, die Lesenden in ihrer hergebrachten Perspektive umstellende und neumachende Kraft der Bibel hängt maßgeblich daran, dass der Text in seiner Vorgegebenheit als Text und äußeres Wort ein bleibendes Gegenüber für alles Verstehen und für alle Auslegung darstellt.

Der Inspirationsgedanke bezieht das Wirken des Heiligen Geistes nicht allein auf die Entstehung der biblischen Texte, sondern auf den dialogischen Prozess zwischen Schrift und Rezipienten, in dem die biblische Botschaft bezeugt, geglaubt, erfahren und gelebt wird (1Kor 2,6–16). Die Inspiriertheit der Schrift zeigt und bewährt sich darin, dass sie in der Kraft des Heiligen Geistes Glauben gewirkt hat und Glauben wirkt. So ist die Bibel der grundlegende Teil dieses in der Kraft des Heiligen Geistes gewirkten kommunikativen Prozesses göttlicher Selbstmitteilung und menschlichen Glaubens. Solche Rede von Inspiration steht für die Einsicht, die Schrift als Gabe von Gott her zu empfangen, wie für das Bewusstsein der Unverfügbarkeit ihrer angemessenen Auslegung wie ihrer seligmachenden und verwandelnden Kraft. Nur im Horizont einer solchen Auslegungsgemeinschaft kann von den biblischen Texten angemessen als Heiliger Schrift bzw. Gottes Wort die Rede sein.

2.4 Konsequenzen für den Schriftgebrauch

Diesen hermeneutischen Grundsätzen wird weder ein Umgang mit der Bibel gerecht, der von der Auslegungsbedürftigkeit der biblischen Texte absieht, noch ein solcher, der einseitig die Konstruktionstätigkeit des Auslegers für das Schriftverstehen behauptet. Natürlich kommt kein Verstehensprozess ohne Deutungsakte aus. Ebenso wird in allem Deuten unweigerlich ein Vorverständnis mitgeführt. Die Betonung des äußeren Wortes stellt indes die Vorgegebenheit des Textes als Gegenüber für den Ausleger heraus, der gerade so bleibender Bezugspunkt und Korrektiv aller Schriftauslegung ist. Auch ist jede religiöse Erfahrung auf ein solches Gegenüber angewiesen, weil und indem es dadurch zu einer Erfahrung kommen kann, die nicht immer schon in der Fluchtlinie eigener Erlebensmöglichkeiten liegt. Gerade die Fremdheit der Texte macht Erfahrungen völlig neuer Sinnerschließung und erfüllender Selbsttranszendenz erst möglich, erfordert aber ein vertieftes Sich-Einlassen auf die Texte und die dialogische Auslegung.

Die Anerkennung der Heiligen Schrift als Norm ist ein Akt der Selbstrelativierung aller Kirchenleitung und aller institutioneller Autorität. Es ist das Evangelium, dessen geistgewirkter Selbstdurchsetzung Kirchenleitung und das kirchliche Amt dienen wollen. Indem sich die Kirche auf die Bibel beruft, macht sie deutlich, dass sie nicht über die Wahrheit verfügt, sondern auf die Selbstbezeugung der Wahrheit und ihre immer neue Erkenntnis angewiesen ist und bleibt. Sie vertraut auf das Ereignis, im gemeinsamen Hören zu verbindender Wahrheitserkenntnis zu kommen.

Es gehört zum Wesen von Texten, dass ihre Bedeutung nicht in der historisch erhobenen ursprünglichen Aussageabsicht derjenigen, die sie verfasst haben, aufgeht. Texte gewinnen gegenüber ihren Verfassern und Erstadressaten eine gewisse Eigenständigkeit, so dass sich in anderen Kontexten neue Bedeutungsaspekte erschließen. Der historisch erhobene ursprüngliche Textsinn bleibt zwar ein Kriterium, von dem in keinem Textverständnis abgesehen werden kann. Es gehört jedoch zum Reichtum von Texten und ihrer Auslegungsgeschichte, dass sie unter veränderten geschichtlichen Bedingungen neue Sinnhorizonte eröffnen.

Ein solcher Schriftgebrauch, der alte Ordnungen und theologische Einsichten überholt, lässt sich auch in der Schrift beobachten. Mit seiner Botschaft, dass in Christus weder Jude noch Grieche, Sklave noch Freier, männlich noch weiblich seien (Gal 3,28), hat Paulus die Konsequenz aus dem Evangelium gezogen, dass in der christlichen Gemeinde aufgrund der Einheit der Glaubenden und Getauften in Christus vermeintlich natürliche oder gesellschaftliche Unterschiede keinerlei Ungleichheit mehr begründen dürfen. In der Neuzeit bzw. im modernen Christentum wurde dieser Impuls zunehmend ausgeweitet. Heute sind wir der Überzeugung, diesen Gedanken umfassend gegen alle Formen von Rassismus und Diskriminierung wenden zu müssen oder auch gegen die Abwertung von Menschen, die sich in der dualen Unterscheidung von Mann und Frau nicht wiederfinden.

Schon in der Verkündigung Jesu ist zu entdecken, dass in der Auslegung der heiligen Schriften über das hinauszugehen ist, was die geschichtliche Intention der Verfasser gewesen sein konnte. Die Sadduzäer, die Jesus in Mk 12,18 ff. nach der Auferstehung fragen, an die sie nicht glauben, erhalten als Antwort zunächst – überraschend – einen Schriftbeweis aus der von ihnen hochgeschätzten Tora: *„Ich bin der Gott Abrahams und der Gott Isaaks und der Gott Jakobs"* (Ex 3,6), und dann eine Interpretation des Verses, die so sicher (noch) nicht im Horizont der Verfasser des Buches Exodus lag: *„Gott ist nicht ein Gott der Toten, sondern der Lebenden."* (Mk 12,27)

2.5 Die Bedeutung der historisch-kritischen Methoden für die Schriftauslegung

Die historisch-kritische Erforschung der Bibel in der Moderne hat für das traditionelle Glaubensbewusstsein wie für Theologie und Kirche erst einmal erhebliche Erschütterungen mit sich gebracht. Wo die Schrift als ein über eine lange Überlieferungsgeschichte hinweg gewordener Text begriffen wurde, kam die Frage auf, wie sich mit diesem Verständnis des Textes sein Verständnis als Wort Gottes verbinden und halten lässt. Zunehmend zeigte sich, dass viele traditionelle Vorstellungen über das Alter, das Werden und den Aufbau der sichtbaren Welt oder über die Historizität von Ereignissen der Vor- und Frühgeschichte vor dem Hintergrund der neuzeitlichen Entwicklung der Naturwissenschaft und Geschichtswissenschaft fragwürdig wurden. Immer deutlicher wurde erkannt, dass man gesellschaftliche Ordnungen wie die Monarchie, die Sklaverei oder die Herrschaft der Männer über die Frauen nicht mehr mit der Bibel legitimieren kann. Für eine Schriftauslegung, welche die gesellschaftlichen Machtverhältnisse oder das umfassende Verständnis der Natur und der Menschheitsgeschichte aus den biblischen Texten autoritativ ableiten wollte, bedeutete die Exegese im Geiste der modernen Wissenschaft eine radikale Krise.

Umgekehrt gilt jedoch: Das reformatorische Schriftverständnis hat es der protestantischen Theologie möglich gemacht, die in der Neuzeit einsetzende historisch-kritische Methode *konstruktiv* zu integrieren. So konnte der historische Textsinn freigelegt und auch kritisch gegen eine autoritative, interessengeleitete Textauslegung zum Zuge gebracht werden. In der historisch-kritischen Schriftauslegung, wie sie im 18. Jahrhundert aufkommt, wirkt die reformatorische Betonung des

Literalsinns nach. Für Verständnis und Auslegung des buchstäblichen Sinns der Bibel sind die Kenntnis der Ursprachen, in denen die biblischen Texte verfasst wurden, ihre Grammatik, die Bedeutung der Wörter mit ihren Nuancierungen wesentlich. Einzelne Stellen und Sätze sind im Zusammenhang des jeweiligen Textes und im Ganzen des Textkorpus zu begreifen sowie durch intertextuelle Querverweise zu erhellen. Dunkle und unverständliche einzelne Stellen sind von klaren und verständlichen Stellen her zu interpretieren. Will man die ursprüngliche Aussageabsicht der biblischen Texte verstehen, ist es essenziell, den jeweiligen Textzusammenhang der biblischen Aussagen zu berücksichtigen. Von Anfang an wohnten dem reformatorischen Schriftumgang Tendenzen inne, die in Richtung historisch-kritischer Exegese führten. Insofern ist die historisch-kritische Methode nichts Fremdes, dem sich die Theologie notgedrungen beugen musste. Sie setzt vielmehr eine Grundintention reformatorischen Schriftverständnisses um, indem sie den Literalsinn der Schrift nach allen Regeln der Kunst freilegt und sich so zur Anwältin des historischen Textsinns und der Vielfalt des biblischen Zeugnisses macht.

Zugleich gilt jedoch auch: Theologische und kirchliche Schriftauslegung kann sich nicht darin erschöpfen, die Aussagen der Schrift durch beharrliche Historisierung und kulturwissenschaftliche Einbettung durchgehend zu relativieren. Historische Forschung ist *ein* notwendiger und hilfreicher Zugang zur Schrift, der heute eine unveräußerliche Basis des Textverstehens bildet. In diesem Zugang geht der Vorgang des Verstehens der Texte jedoch nicht auf. Dies ergibt sich schon aus dem Charakter der Texte selbst und ebenso aus ihrem Gebrauch in der Auslegungsgemeinschaft der Kirche, der für das, was sie als religiöse Texte „sind", wesentlich ist.

Mit seiner Orientierung am Evangelium von Christus hat reformatorisches Schriftverständnis in der Gegenwart eine hermeneutisch-theologische Regel für die Auslegung der Schrift im Sinne einer konstruktiven Verbindung historisch-kritischer Exegese und theologisch-gegenwartsorientierter Schriftauslegung. Die historische Erforschung der ursprünglichen Kontexte des Evangeliums macht dabei sichtbar: Das Evangelium gibt es nicht „an sich". So, wie es von Jesus Christus heißt, dass das Wort Fleisch wurde und sich ganz und gar einließ auf eine bestimmte geschichtlich-kulturelle Situation, so geht auch das Wort Gottes immer wieder ein in die konkrete Geschichte, in bestimmte Sprachen, Welt- und Menschenbilder, kulturelle und soziale Selbstverständlichkeiten. Schon der innerbiblische Prozess permanenter Fortschreibung des Gotteszeugnisses zeigt, dass das Wort Gottes in keiner seiner in einer bestimmten Epoche fixierten Gestalt einfach aufging.

2.6 Die Schrift als oberster Maßstab kirchlicher Lehre und die hermeneutische Bedeutung der kirchlichen Bekenntnisse

Mit ihrer Betonung der Schrift als „*Richtschnur und einzigem Prüfstein*" (Epitome; UG 675) verfolgen die Reformatoren das Ziel, die evangelische Lehre aus der Schrift zu begründen und sie so als schriftgemäß auszuweisen. Das reformatorische „*sola scriptura*" ist nicht in einem solchen Sinne zu verstehen, als wäre die Schrift die *einzige* Quelle und Norm der Wahrheit. Das „*sola scriptura*" schließt nicht aus, sondern durchaus ein, dass auch Argumente der Vernunft, Einsichten der kirchlichen Tradition, der Kirchenväter und zeitgenössischer wissenschaftlicher Theologien, anderer Wissenschaften sowie der gelebten

Sitte bei der Entfaltung kirchlicher Lehre zu berücksichtigen sind. Sie sind jedoch an der Schrift zu bewähren. Denn nur so kann die Schrift als oberstes Prinzip und Richtschnur kirchlicher Lehre – konstruktiv und kritisch – zur Geltung kommen.

Grundlegend für reformatorische Schrifthermeneutik ist die Überzeugung, dass die Schrift ihre eigene Auslegerin ist. Die reformatorische Betonung des Literalsinns ist von der Überzeugung geleitet, dass *dem Text an sich* eine Bedeutung eignet, die er dem Leser und der Leserin zu verstehen gibt. Diese Überzeugung, dass dem Text an sich eine Bedeutung eignet, kann durchaus mit der Auffassung zusammen bestehen, dass gerade so – vom Text her – ein offener Prozess seiner Aneignung und Auslegung freigesetzt wird. Denn es gehört zur Eigenart der biblischen Texte, dass sie nicht „toter Buchstabe", sondern ins Leben der Lesenden und Hörenden wirkende Texte sind – und als solche gehört und angeeignet werden wollen. Ihre Aneignung im konkreten Lebensvollzug des Menschen, ihre Auslegung hin auf konkrete Fragen und Herausforderungen des kirchlichen und gesellschaftlichen Lebens entspricht dem ursprünglichen Charakter der biblischen Texte. Dabei hat sich – und darin liegt die gemeinreformatorische Grundüberzeugung – jede vom Text freigesetzte Auslegung an diesem zu bewähren.

Die Übersetzung der Heiligen Schrift und ihre Verbreitung zielt dabei im Kern darauf, allen Christenmenschen die Schrift nahezubringen als ein Buch, das verstanden und mit dem gelebt werden kann. Insofern steht die Betonung der „äußeren Klarheit" der Schrift auch im Dienst an der Mündigkeit des Christenmenschen. Diese Mündigkeit des Christenmenschen wird nicht allein eingeübt im persönlichen Bibelstudium. Sie wird insbesondere eingeübt in der Auslegungsgemeinschaft der

Kirche als der Versammlung derer, in der die Schrift im Hören auf das Evangelium als dasjenige, was Christum treibet, gepredigt und gehört, bekannt, gesungen und gefeiert wird. Die Auslegungsgemeinschaft der Kirche, in der das Evangelium kommuniziert und gehört wird, ist und hat als solche zu sein auch die Gemeinschaft derer, in der die kirchliche Lehre am Evangelium ausgerichtet wird.

Für eine angemessene Auslegung der Schrift spielen die *reformatorischen Bekenntnisse* eine hermeneutisch wichtige Rolle. Diese Bedeutung kommt ihnen zu, weil sie nichts anderes sein wollen als das Evangelium zur Geltung bringende Bekenntnisse, die kirchenordnende Funktion für Lehre, Verkündigung, Unterricht und Sozialgestalt der evangelischen Kirchen haben, um die Vollzüge der Kirche am Evangelium auszurichten.

Dazu formulieren die reformatorischen Bekenntnisse eine *„aus dem Wort Gottes zusammengezogene Sammlung [...], in der die allgemein geltende Lehre zusammengefasst ist"* (SD; UG 736). Das heißt, sie stellen den Kerngehalt evangeliumsgemäßer Lehre heraus, um in der Vielfalt der biblischen Schriften eine *theologische* Orientierung zu haben – nämlich im Christusgeschehen als der Mitte der Schrift – und um dasjenige, was unmittelbar mit der Mitte zusammenhängt, von demjenigen unterscheiden zu können, was nur in mittelbarem oder gar keinem Zusammenhang mit der Mitte steht. Die kirchlichen Bekenntnisse und Lehrtexte stehen insofern nicht über der Schrift, sondern dienen der Auslegung der Schrift, indem sie das Evangelium von Jesus Christus als Richtschnur und Maßstab evangelischer Lehre in jeweils unterschiedlichem Kontext und vor dem Hintergrund unterschiedlicher Herausforderungen zur Geltung bringen. In der *Konkordienformel* heißt es dazu: *„... und allein* *die Heilige Schrift bleibt einziger Richter, Regel und Richtschnur, nach welcher als dem einzigen Prüfstein alle Lehren erwogen und beurteilt werden sollen und müssen, ob sie gut oder böse, recht oder unrecht sind.*" (Epitome; UG 675) Die von der *Konkordienformel* verwandten Metaphern machen deutlich, dass ein solcher Orientierungsgewinn an der Schrift ein komplexes Geschehen ist, in dem die Schrift recht gebraucht werden muss. Die Schrift wird bezeichnet als „*Richter*", das heißt, sie wird mit einer Autorität verglichen, deren bisherige Urteile Ausgangspunkt der Rechts- und Wahrheitsfindung sind, der zugleich aber auch stets neue Streit- und Sachfragen vorgelegt werden. Zugleich ist sie „*Regel und Richtschnur*": Die biblischen Texte müssen angewandt und auf Sachverhalte angemessen bezogen werden. Dabei ist es die Aufgabe jeder Bibelauslegung, das, was die Bibel sagt, ins Verhältnis zu setzen zu aktuellen Fragen, auch dann, wenn diese selbst nicht direkt in der Bibel angesprochen werden. In diese Richtung zielt auch das Bild vom „Prüfstein", mit dessen Hilfe der Reinheitsgrad und die Zusammensetzung von Metallen bestimmt werden konnten.

Diese Einsicht schließt nicht aus, sondern ein, dass man in gemeinsamer Schriftauslegung vom Hauptartikel, dem Evangelium von Jesus Christus, her zu Neubewertungen früherer Einschätzungen kommt. Tatsächlich gibt es solche Neubewertungen immer schon, auch in den reformatorischen Bekenntnissen.

So kann es beispielsweise in der *Confessio Augustana* heißen: „*Die Apostel haben verboten, Blut und Ersticktes zu essen; daran hält man sich jetzt nicht mehr*" (CA 28; UG 96). Diese in der Apostelgeschichte verbindlich aufgestellte Vorschrift wird von den Reformatoren als Anweisung nur für eine bestimmte Zeit angesehen: *„Denn die Apostel wollten nicht die Gewissen beschweren und ein zur Seligkeit notwendiges Ding aus dieser Zeremonie machen, und den zum Sünder erklären, der es nicht einhielt; sondern sie haben, um ein Ärgernis für die schwachen Juden zu vermeiden, diese Ordnung für diese Zeit gemacht. Denn man muss gegen dieses Verbot andere Sprüche der Schrift und die Meinung der Apostel halten"* (CA 28; UG 96).

Die biblischen Texte sind das erste und grundlegende Wort, auf das Kirche, Theologie und Glaubensleben immer wieder rückgebunden sind, als Texte, die den kritischen Maßstab bilden und an dem die Traditionen und Lehrbildungen der Kirche zu prüfen sind. Der Kanon der biblischen Schriften ist allen anderen Traditionen als *norma normans*, das heißt als kritischer Maßstab vorgeordnet, so dass diese – wenn nötig – kritisiert werden können. Die kirchlichen Lehren sind aus der Schrift gewonnene und an ihr zu bewährende *norma normata*; ihr Anspruch und ihre Geltung liegen darin begründet, dass sie das Evangelium von Jesus Christus als die Mitte der Schrift für alle Vollzüge der Kirche zur Geltung bringen.

Zwar haben die lutherischen und reformierten Kirchen insofern ein unterschiedliches Verständnis der reformatorischen Bekenntnisse, als die lutherischen Kirchen den Bekenntnissen der Reformation eine bleibende Bedeutung für die gegenwärtige kirchliche Lehre zuerkennen, insofern sie in ihnen die das Evangelium zum Ausdruck bringende und auf das Evangelium hinführende umfassende Lehre der Kirche sehen. Die reformierten Kirchen betonen hingegen stärker die Situationsgebundenheit des Bekennens und sind offener für je neue Ausdrucksgestalten kirchlicher Lehre. Im Verständnis der Bedeutung des kirchlichen Bekennens hingegen herrscht Einvernehmen dahingehend, dass das kirchliche Bekennen dazu dient, das Evangelium zum Ausdruck zu bringen und Lehre, Verkündigung und Sozialgestalt der Kirche auf das Evangelium von Jesus Christus hin auszurichten.

Die evangelischen Kirchen bilden eine Gemeinschaft der Auslegung der Schrift und des kirchlichen Lehrens, für die die Grundorientierung am Evangelium als das, was Christum treibet, leitend ist. Dies hält die *Leuenberger Konkordie* (LK 4) als dasjenige fest, was den reformatorischen Kirchen in ihren Ursprüngen gemeinsam war und für ihr Selbstverständnis bestimmend ist: „*Sie gingen aus von einer neuen befreienden und gewissmachenden Erfahrung des Evangeliums. Durch das Eintreten für die erkannte Wahrheit sind die Reformatoren gemeinsam in Gegensatz zu kirchlichen Überlieferungen jener Zeit geraten. Übereinstimmend haben sie deshalb bekannt, dass Leben und Lehre an der ursprünglichen und reinen Bezeugung des Evangeliums in der Schrift zu messen sei.*" (UG 924)

3. Verantwortlicher Schriftgebrauch bei der Ausübung von Kirchenleitung in dogmatischen und ethischen Einzelfragen

3.1 Die Einbindung kirchenleitenden Schriftgebrauchs

Was es genau bedeutet, sich kirchenleitend auf die Schrift zu beziehen, wird in verschiedenen historischen Situationen und von verschiedenen Kirchenleitungen jeweils neu gewonnen. Jedes Ringen um die angemessene Antwort auf dogmatische und ethische Einzelfragen beinhaltet zugleich ein Ringen um die angemessene Art des Umgangs mit der Schrift.

Die verschiedenen Positionen zum Umgang mit der Schrift teilen das gleiche Grundanliegen: die evangelische Freiheit des Glaubens und des Gewissens gegenüber allen absoluten Ansprüchen institutioneller und politischer Autorität, gegenüber Traditionen, gesellschaftlichen Selbstverständlichkeiten oder eingeübten Praktiken. Diese evangelische Freiheit des Glaubens geschieht in Verantwortung vor Gott und den Menschen. Die konkrete Wahrnehmung dieser verantwortlichen Freiheit bedeutet immer ein Wagnis und wird im Vertrauen auf das Wirken des Heiligen Geistes vollzogen.

Die Funktionen der Bezugnahme auf die Schrift in innerkirchlichen Debatten und für das kirchenleitende Handeln sind vielfältig. Die biblischen Texte orientieren, indem sie zur Einsicht bringen und überzeugen. Sie stellen bestimmte Fragen und machen auf Perspektiven aufmerksam; sie helfen, Wesentliches und weniger Wesentliches zu unterscheiden. Sie ermutigen zum Handeln, indem sie die Hoffnung auf Veränderbarkeit gegenwärtiger Probleme stärken. Die Bibel tut dies, indem sie als vorgegebener Text immer aufs Neue herausfordert, in Frage stellt, bestärkt, zu denken gibt und zu Veränderungen drängt. Die Schrift kann nur dann auf diese vielfältige Weise wirken, wenn sie gelesen, gehört und verkündigt wird, wenn Christinnen und Christen mit biblischen Texten leben.

Das Leben mit der Schrift und die Schriftauslegung ist Aufgabe aller Christinnen und Christen. Schriftauslegung im kirchenleitenden Interesse ist in diesen gemeinschaftlichen Bibelauslegungsprozess eingebunden und gibt ihm zugleich wegweisende Impulse.

Kirchenleitende Schriftauslegung geschieht durch Predigten, persönliche Stellungnahmen von einzelnen kirchenleitenden Amtsträgern, durch Gespräche und Debattenbeiträge. Sie geschieht aber auch und besonders durch von den Kirchen verantwortete Grundlagentexte und Orientierungshilfen sowie durch bindende Entscheidungen und öffentliche Stellungnahmen.

Für solche öffentlichen Texte und Entscheidungen lässt sich kirchenleitendes Handeln in besonderer Weise von den reformatorischen Bekenntnissen leiten. Denn die reformatorischen Bekenntnisse erheben den Anspruch, das Evangelium von Jesus Christus zu bezeugen und für die Lehre, Verkündigung und Sozialgestalt der Kirche zur Geltung zu bringen. Sie tun dies, indem sie das Ganze der Schrift und die Vielfalt ihrer Aussagen in der Perspektive des Evangeliums von Jesus Christus lesen und diese Perspektive – *„aus Gottes Wort genommen"* (SD;

UG 739), wie die *Konkordienformel* sagt – begreifen. Die reformatorischen Bekenntnisschriften bringen diese aus der Schrift selbst gewonnene Einsicht für die Auslegung der Schrift sowie für die kirchliche Lehre zum Zug und richten so Leben und Lehre der Kirche am Evangelium aus. Darin gründet ihre orientierende Bedeutung für Lehre und Leben der evangelischen Kirchen.

Die *Barmer Theologische Erklärung* und ebenso die *Leuenberger Konkordie* bringen im Blick auf unterschiedliche Herausforderungen, die das Kirchesein von Kirche betreffen, das Evangelium jeweils in einer spezifischen Hinsicht zur Geltung und haben insofern ebenfalls orientierende Funktion für Lehre und Leben der evangelischen Kirchen.

Die evangelischen Kirchen geben in ihren jeweiligen Kirchenverfassungen bzw. Grundordnungen präzise Auskunft über die Grundlage, nach der sie Lehre, Verkündigung und Sozialgestalt der Kirchen ausrichten. An erster Stelle kommt dabei das Evangelium von Jesus Christus, wie es in der Heiligen Schrift Alten und Neuen Testaments gegeben ist, zu stehen. Die altkirchlichen Bekenntnisse werden affirmiert, insofern sie als Ausdruck des Evangeliums begriffen werden. Die reformatorischen Bekenntnisse gelten, insbesondere den lutherischen Kirchen, als maßgebliche und umfassende Bezeugung des Evangeliums, wie es die Schrift zu verstehen gibt. Die Aussagen der *Barmer Theologischen Erklärung* werden bejaht. Die *Leuenberger Konkordie* wird als Ausdruck der Kirchengemeinschaft in der GEKE (Gemeinschaft evangelischer Kirchen in Europa) bekräftigt. Kirchenleitendes Handeln hat die Aufgabe, das in dieser Weise geordnete Zusammenspiel dieser Bezeugungsinstanzen zu wahren, an den konkreten Problemstellungen zur Geltung zu bringen und in einer gegenwartsverantworteten Wahrnehmung zukunftsweisend auszulegen.

Dabei sind auch ökumenische Dokumente eingehend heranzuziehen. Dadurch wird im dialogischen Auslegungsgeschehen dem Verständnis der Kirche als raum- und zeitübergreifende Gemeinschaft von Glaubenden entsprochen. Dies gilt in interkonfessioneller und in internationaler Hinsicht. Die gegenwärtige Kirchengemeinschaft im europäischen und globalen Kontext (GEKE, Lutherischer Weltbund, Weltgemeinschaft reformierter Kirchen etc.) vollzieht sich auch darin, bei der Auslegung für den jeweils eigenen Kontext sich mit den bestimmten Auslegungen für andere Kontexte auseinanderzusetzen.

Den evangelischen Kirchen in Deutschland gehören Menschen mit verschiedenen kulturellen und kirchlichen Traditionen an. Durch Migration und Flucht entstehen immer mehr evangelische Gemeinden, die in Sprache, Kultur und Spiritualität weitere Traditionen einbringen. Es ist bereichernd, diese kulturelle Vielfalt der evangelischen Kirchen in die Dialogprozesse immer mehr bewusst einzubeziehen und zu berücksichtigen. Dafür sind mehr Orte und Gelegenheiten zu schaffen. Mit den gegenseitigen Fremdheitserfahrungen konstruktiv umzugehen, stellt eine wichtige Zukunftsaufgabe dar. Dabei können Gemeinden in Deutschland von interkulturellen Gemeinden lernen.

Um der Komplexität solcher kirchenleitenden Auslegungs- und Entscheidungsprozesse gerecht zu werden, sind geordnete Verfahren vorgesehen. Alle diese formalisierten institutionellen Prozesse sollen darauf zielen, der Verkündigung des Evangeliums in einer bestimmten konkreten Situation und unter sich wandelnden gesellschaftlichen Bedingungen zu dienen und gemäß dem Evangelium zu lehren und zu handeln.

Die Qualität und Überzeugungskraft kirchenleitender Entscheidungen und Texte hängt auch davon ab, wie sehr die lebendige und orientierende Kraft des Evangeliums darin zum Ausdruck kommt, wie gut die Plausibilisierung gelingt, vorrangig im Hinblick auf das gemeinsame Verständnis des Evangeliums als auch nachrangig hinsichtlich wissenschaftlicher, philosophischer und politischer Debatten. Zu jeder kirchenleitenden Entscheidung gehört daher auch die Reflexion über ihre jeweils angemessene Vermittlung, Darstellung und Rezeption. Kirchenleitende Festlegungen dogmatischer und ethischer Art sind für ihren Kontext und zu ihrer Zeit verbindlich, aber offen für zukünftige Auslegungen der biblischen Texte und neue Einsichten. Manche kirchenleitenden Entscheidungen werden später durch neue Erkenntnisse in veränderten Situationen kritisch hinterfragt, manche gewinnen erst nach einiger Zeit ihre eigentliche theologische Wirkungskraft. Die theologie- und kirchengeschichtliche Forschung ist daher unerlässlich, um aktuelle kirchenleitende Entscheidungen vor Einseitigkeiten zu schützen.

Solche Fortschreibung und Fortentwicklung kirchlicher Lehre und ihre Bewährung in der Rezeption durch die Gemeinden gehört zu ihrem geschichtlichen Charakter, die dem Wesen des Evangeliums entspricht, das in die Menschenzeit eingegangen ist, sich im jeweiligen geschichtlichen Kontext in der Kraft des Heiligen Geistes neu zur Geltung bringt und dazu anhält, alle kirchliche Lehre unter das Vorzeichen eschatologischer Bewahrheitung zu setzen und dem Wirken des Heiligen Geistes Raum zu geben.

3.2 Ethische Entscheidungen kirchenleitender Gremien

Die ethischen Entscheidungen kirchenleitender Gremien lassen sich nicht anhand einer eindeutigen Abfolge von Schritten formalisieren. Niemand, der an solchen kirchenleitenden Debatten und Entscheidungen beteiligt ist, tritt in diese Debatten gleichsam neutral ein, sondern immer schon mit einem gewissen inhaltlichen Vorverständnis, sei dieses eher noch intuitiv oder schon argumentativ ausformuliert. Die Beratungen in kirchenleitenden Gremien werden die Einschätzung jedes Einzelnen bereichern, vertiefen und verschieben, so dass eine gemeinsame, manchmal auch durchaus konflikthafte Urteilsbildung stattfinden kann. Diese Urteilsbildung vollzieht sich stets in einem Kontext von akademisch-theologischen und wissenschaftlichen Debatten, politischen Diskussionen, kirchlicher Publizistik und innerkirchlichen und ökumenischen Gesprächen und angesichts von rechtlichen, ökonomischen und sozialen Rahmenbedingungen.

Auch wenn sich der Entscheidungsprozess kirchenleitenden Handelns nicht als eine Abfolge von Schritten formalisieren lässt, lassen sich doch verschiedene Faktoren innerhalb des inhaltlichen Entscheidungsprozesses klar unterscheiden. Diese Faktoren lauten:

a) die Wahrnehmung und Analyse der ethischen Aspekte einer Lebenssituation einschließlich der Perspektive von Betroffenen,

b) die (kritische) Rezeption der wissenschaftlichen Erkenntnisse zum jeweils relevanten Sachverhalt (biologischer, medizinischer, psychologischer, geschichtlicher oder wirtschaftlicher Art) und der rechtlichen Rahmenbedingungen,

c) die theologische Deutung der Situation und die normative Orientierung unter Berücksichtigung aller Aspekte, die für die Behandlung des Problems zu bedenken sind,

d) das Formulieren von Handlungsoptionen und die Abschätzung der Folgen möglicher Entscheidungen.

e) Am Ende eines Beratungsprozesses, der alle Faktoren einbezieht, steht die Entscheidung für eine konkrete ethische Norm oder auch die begründete Entscheidung, die Vielfalt von Positionen bezüglich einer in Frage stehenden Thematik anzuerkennen und sie nicht zugunsten einer bestimmten Position aufzulösen.

Die Bibel spielt bei *allen* genannten Entscheidungsfaktoren eine grundlegende – begründende und zugleich auch kritische – Rolle als „Richter, Regel, Richtschnur und Prüfstein", wenngleich eine Reduktion auf ihre Aufgabe normativer Orientierung zu kurz greift. Zugleich sind bei keinem der Entscheidungsfaktoren einzelne biblische Texte allein maßgeblich. Die grundlegende Bezugnahme auf die Bibel steht immer auch im Zusammenhang mit wissenschaftlichen, kulturellen, ethischen und politischen Überlegungen und Erfahrungen, also mit Tradition, Vernunft und Erfahrung.

Dies sei im Folgenden einzeln erläutert:

a) Für die Wahrnehmung und Analyse des Lebensphänomens kann die Bibel bestimmte Perspektiven privilegieren (zum Beispiel die Perspektive der Armen und am meisten Diskriminierten), sensibilisieren für die Wahrnehmung auch der indirekt Betroffenen und kulturell gewohnte Wahrnehmungen in

Frage stellen. Dabei sollte Schriftauslegung vor allem darauf aus sein, die aktuelle Ausgangsfrage zu modifizieren und neue Argumente, Gesichtspunkte und Kriterien in die Fragestellung einzubringen. Die biblischen Texte sollten vornehmlich als Hilfe für das tiefere Verstehen gegenwärtiger Probleme, also in ihrem Erschließungspotenzial, gehört werden.

b) Wissenschaftliche Erkenntnisse der verschiedenen Art sind ernst zu nehmen und Erkenntnisfortschritte wertzuschätzen. Zugleich hilft eine Orientierung am Evangelium als letztgültiger Zusage Gottes, allen (Selbst-)Verabsolutierungen wissenschaftlicher Wahrheitsansprüche zu widersprechen und gleichermaßen kritisch wie selbstkritisch mit wissenschaftlichen Theorien umzugehen.

c) Bei der Deutung der Situation und der normativen Orientierung spielen einzelne biblische Texte eine Rolle, vor allem aber das Grundverständnis des Menschen als eines von Gott geschaffenen Ebenbildes, das in der Sünde verfangen ist und dem die Versöhnung zugesprochen ist, sowie eine Sicht auf die Welt, in welcher diese uns als Schöpfung anvertraut ist, als Gottes Gabe und Aufgabe, und für die wir eine eschatologische Verwandlung erhoffen. Zu solchen übergreifenden Prinzipien gehören die an Christus gebundene Freiheit eines Christenmenschen, die Achtung der Würde eines jeden Menschen und das Gebot zur Nächstenliebe. Sie sind im Zusammenspiel der verschiedenen Aspekte christlicher Lehre wie auch der vielfältigen sachorientierten Aspekte anderer Wissenschaften gegeneinander abzuwägen und in einen normierenden, die einzelnen Gesichtspunkte hierarchisierenden Begründungszusammenhang zu bringen, in welchem dem Verständnis des Evangeliums die grundlegende und prägende Bedeutung zukommen soll.

d) Wenn Entscheidungsoptionen formuliert werden, kann die Bibel durch exemplarische Geschichten und durch ermutigenden Zuspruch dazu inspirieren, über die offensichtlichen Optionen hinauszugehen und weitere Optionen, die sich im Geiste des Evangeliums auftun und neue Möglichkeiten im Feld des Gewohnten und Verfestigten aufkommen lassen, ins Spiel zu bringen. Urteilskraft, Klugheit und die eigentümliche Kreativität, die insbesondere auch das Evangelium freisetzt, sind wesentliche Faktoren ethischer Reflexionsprozesse. Auch das Abschätzen der komplexen Folgen der Entscheidung für ethische Verbindlichkeiten bedarf der Phantasie, der Einfühlungsgabe und reflektierter Erfahrung, welche durch biblische Texte geschult werden.

e) Für Entscheidungen in komplexen Abwägungsprozessen braucht es die Bereitschaft, zuzuhören, selbstkritisch eigene Vorannahmen weiterzuentwickeln und mutig Verantwortung zu übernehmen. Durch das Hören auf das Evangelium können Menschen sowohl in der hörbereiten Offenheit gestärkt werden als auch im Mut, schwierige Entscheidungen zu treffen und für diese einzutreten. Solche Entscheidungen sind fast immer strittig und vollziehen sich in anstrengenden Auseinandersetzungen. Dabei fair zu bleiben und sich nicht zu verhärten, stellt ein anspruchsvolles Ideal von (nicht nur) kirchlichen Gremienprozessen dar.

Zwischen den genannten Faktoren im Entscheidungsprozess, aber auch innerhalb jedes Faktors, treten häufig Spannungen auf, zeigt sich schwer Vereinbares und sind Konfliktstrukturen deutlich. Daher lassen sich ethische Entscheidungen nicht im Sinne einer einfachen Ableitung treffen, sondern beruhen immer auf einer komplexen, nicht formalisierbaren Abwägung, Unterscheidung und Überlegung.

Für eine verantwortliche ethische und auch dogmatische Entscheidung im Zusammenhang kirchenleitenden Handelns ist ein „Überlegungsgleichgewicht" zu bilden, um angesichts der Vielfalt der zu berücksichtigenden Aspekte und ihrer unterschiedlichen Gewichtung zu einer verantworteten Entscheidung zu kommen, die das Evangelium bezeugt und in einer aktuellen Situation Orientierung gibt und Normen formuliert, welche Lehre und Handeln der Kirche im Sinne des Evangeliums ausrichten. Der Ausdruck „Überlegungsgleichgewicht" wird hier gebraucht, um zum einen die Vielfalt der zu berücksichtigenden Aspekte, zum andern die besondere Bedeutung, die innerhalb dieser Aspekte und ihres Zusammenspiels dem Evangelium zukommt, deutlich zu machen. So verstanden, zielt der Ausdruck darauf, dass die verschiedenen Aspekte in einem Prozess der Urteilsbildung nicht nur gegeneinander abgewogen werden, sondern in einer gewichtenden, hierarchisierenden Ordnung zur Geltung gebracht werden, indem dem Evangelium die begründende, orientierende, prägende Bedeutung im und für den Zusammenhang aller Aspekte zukommt und auf diese Weise der Vorrang des Evangeliums im komplexen Zusammenspiel aller zu berücksichtigenden Aspekte zur Geltung kommt.

Wie dies gemeint ist, lässt sich anhand der Argumentation des Paulus in Korinth verdeutlichen, die als ein Fallbeispiel hier angeführt sei.[4] Der Streit der Gemeinde in Korinth, in dem es um die Frage des Genusses von „Götzenopferfleisch" geht, scheint

---

4 Die Etüden zur Teilnahme von Kindern am Abendmahl, zur Ordination von Frauen und Umweltethik sind weitere Beispiele für den Prozess der theologischen Urteilsbildung, in dem das „Überlegungsgleichgewicht" in der oben beschriebenen Weise zur Geltung gebracht wird.

sich vor der Hand um eine Frage weit weg von den Fragen, welche die christliche Kirche heute bewegen, zu drehen. Die Art und Weise jedoch, wie Paulus dieser Problematik auf den Grund geht und an ihr das Thema der evangeliumsgemäßen Freiheit erörtert, gibt seiner Argumentation inhaltlich und bezüglich des Prozesses der Urteilsbildung ein hohes Maß an Aktualität. Paulus sieht sich konfrontiert mit einem Konflikt in der Gemeinde, in dem sich jede der beiden Positionen mit guten Gründen auf das Gewissen beruft und daraus die Konsequenz zieht, dass der jeweils andere dem Selbstverständnis der Gemeinde widerspricht. Spaltung der Gemeinde droht. Angesichts dessen ruft Paulus in einer mustergültigen Argumentation die in diesem Konflikt virulenten und zu berücksichtigenden Aspekte auf, misst ihnen ihr relatives Recht zu und bringt schließlich die im Evangelium gründende, an Christus gebundene Freiheit ins Spiel, um eine evangeliumsgemäße Orientierung zu geben und die Einheit der Gemeinde zu wahren.

3.3 Fallbeispiel Paulus in Korinth (1Kor 8,1–11,1)

Die Wahrnehmung des Konflikts. In der Gemeinde in Korinth war es zu Auseinandersetzungen gekommen, wie man mit zum Kauf oder zum Verzehr angebotenem Fleisch umgehen soll, das bei Opfern für fremde Götter geschlachtet wurde. In der Gemeinde kam es zu unterschiedlichen Positionen. Die einen vertraten: Götzendienst ist aufgrund der biblischen Gebote zu diesem Thema etwas, dem sich Gläubige grundsätzlich zu verweigern haben. Das gilt auch für jeglichen Genuss von Götzenopferfleisch (vgl. auch Apg 15,20.29). Andere beriefen sich demgegenüber auf ihre christliche „Erkenntnis" (1Kor 8,1): Das Gesetz sei kein alles entscheidender Maßstab mehr für das christliche Handeln. Der Glaube an das Evangelium von Jesus Christus bringe die „Erkenntnis" mit, an solche Einschränkungen nicht gebunden zu sein.

In seiner brieflichen Stellungnahme macht Paulus deutlich, dass bei diesem Konflikt unterschiedliche Dimensionen zu berücksichtigen sind: die verschiedenen Normen und Werte in ihrem Verhältnis zueinander; die konkreten Umstände einer je spezifischen Situation und die darauf abzustimmende Güterabwägung; und schließlich die Beziehungen der Betroffenen untereinander und zu Außenstehenden angesichts ihrer Berufung, das Evangelium zu bezeugen.

Würdigung und Hierarchisierung der Normen. Paulus kann sich grundsätzlich positiv auf die Norm beziehen, dass man unter Berufung auf biblische Gebote jeden Zusammenhang mit Götzendienst zu meiden habe. Im ersten Korintherbrief kann sich Paulus auch insgesamt positiv auf „*das Gesetz des Mose*" (1Kor 9,9) berufen. Daher kann er sagen: „*Darum, meine Lieben, flieht den Götzendienst!*" (1Kor 10,14)

Dieses Gebot betrifft grundsätzlich auch Christinnen und Christen. Paulus betont dies vor allem für die explizite Teilnahme an heidnischen Opfern. Zugleich macht er deutlich, dass eine solche Praxis nicht nur durch das Gesetz ausgeschlossen ist; es ist vor allem und zuvörderst mit dem Glauben an Jesus Christus unvereinbar: „*Ihr könnt nicht zugleich den Kelch des Herrn trinken und den Kelch der Dämonen; ihr könnt nicht zugleich am Tisch des Herrn teilhaben und am Tisch der Dämonen.*" (1Kor 10,21)

Dieser Gedanke könnte darauf schließen lassen, dass sich Paulus insgesamt der auf Abgrenzung bedachten Gruppe in Korinth anschließt. Paulus akzeptiert zwar das Verbot jeder Götzenverehrung als verbindliche Norm auch für Gläubige; aber er limitiert zugleich die Reichweite dieses Gebots vom Glauben an Christus her.

Paulus stimmt den Vertreterinnen und Vertretern der *Erkenntnis* der christlichen Freiheit grundsätzlich zu (1Kor 8,4–6.8). Er kann diese Gruppe als die „Starken" bezeichnen im Unterschied zu den anderen, den „Schwachen". Die Bindung an Christus ist der höchste Maßstab für das christliche Verhalten. Die christliche „Freiheit" (1Kor 9,1) bringt auch „das Recht zu essen und zu trinken" (1Kor 9,4) mit sich. Die durch Christus begründete Freiheit des Glaubens ist insofern eine höhere Norm als das konkrete biblische Gebot.

Zugleich bestimmt Paulus gleich zu Beginn seiner Ausführung (1Kor 8,1–3) die christliche Freiheit durch den Verweis auf die Liebe. *„Die Erkenntnis bläht auf; aber die Liebe baut auf."* (1Kor 8,1b) Das Evangelium von Jesus Christus ist der höchste Maßstab für das christliche Handeln. Die Freiheit des Glaubens darf nicht in den Gegensatz zum Wohl der Mitgläubigen treten: *„Und so geht durch deine Erkenntnis der Schwache zugrunde, der Bruder, für den doch Christus gestorben ist. Wenn ihr aber so sündigt an den Brüdern und Schwestern und verletzt ihr schwaches Gewissen, so sündigt ihr an Christus."* (1Kor 8,11–12)

So ist die im Glauben an Christus gewonnene Freiheit eine solche, die nicht bei sich selbst bleibt, sondern in der Liebe zum Nächsten tätig wird. Paulus erläutert diesen Grundzug der Freiheit, die durch die Liebe bestimmt ist, in Kapitel 9: *„Denn obwohl ich frei bin von jedermann, habe ich doch mich selbst jedermann zum Knecht gemacht, auf dass ich möglichst viele gewinne."* (1Kor 9,19)

Die Berücksichtigung der jeweiligen Situation und Abwägung der Normen. Im ethischen Konflikt geht es nicht nur um die Hierarchisierung unterschiedlicher Normen. Es muss jeweils auch die konkrete Situation berücksichtigt werden.

Die prinzipiell formulierte Erkenntnis der Freiheit, die sich in der Aussage verdichtet: *„Alles ist erlaubt"* wird nicht einfach verneint, aber ausgerichtet auf Zielbestimmungen des christlichen Handelns: *„aber nicht alles dient zum Guten"* (1Kor 6,12; 10,23) bzw. *„aber nichts soll Macht über mich haben"* (1Kor 6,12) und *„aber nicht alles baut auf"* (1Kor 10,23). Für den konkreten Fall bedeutet dies: Die Erkenntnis der christlichen Freiheit darf nicht dazu führen, dass *„diese eure Freiheit für die Schwachen zum Anstoß wird!"* (1Kor 8,9). Die Folgenabschätzungen meines Handelns sind für das eigene Urteil ausdrücklich mit zu reflektieren.

Die Konsequenz ist daher von der konkreten Situation abhängig. So wäre es grundsätzlich eine mögliche Haltung, sich um der Liebe willen die Praxis „der Schwachen" gänzlich zu eigen zu machen: *„Darum, wenn Speise meinen Bruder zu Fall bringt, will ich nimmermehr Fleisch essen, auf dass ich meinen Bruder nicht zu Fall bringe."* (1Kor 8,13) Tatsächlich aber gebietet Paulus eine solche prinzipielle Haltung nicht. Diese durch das Evangelium von Jesus Christus begründete Freiheit des Gläubigen wird durch das schöpfungstheologische Argument unterstützt. Gott ist der Schöpfer der ganzen Welt. Daher können die Gläubigen in aller Freiheit und in Gemeinschaft auch mit Ungläubigen von den Gaben der Schöpfung leben: *„Alles, was auf dem Fleischmarkt verkauft wird, das esst, und prüft es nicht um des Gewissens willen. Denn ‚die Erde ist des Herrn und was darinnen ist' (Ps 24,1). Wenn euch einer von den Ungläubigen einlädt* *und ihr wollt hingehen, so esst alles, was euch vorgesetzt wird, und prüft es nicht um des Gewissens willen.*" (1Kor 10,25–27)

Anders sieht es in einer Situation aus, wo durch mein Verhalten andere Gläubige verletzt oder gefährdet werden. Das Evangelium von der Liebe Gottes zu allen Menschen führt nun zur Rücksicht auf den anderen: *„Wenn aber jemand zu euch sagen würde: Das ist Opferfleisch, so esst nicht davon, um desjenigen willen, der es gesagt hat, und um des Gewissens willen. Ich rede aber nicht von deinem eigenen Gewissen, sondern von dem des andern.*" (1Kor 10,28.29)

In diesem Fall ist es unerheblich, dass das Gewissen der anderen irrt. Das eigene Rechthaben rechtfertigt nicht die Verletzung des anderen. Umstände wie die jeweilige Gewissensbindung der Betroffenen, aber auch die Macht der Gewohnheit (*„Einige essen's als Götzenopfer, weil sie immer noch an die Götzen gewöhnt sind.*" [1Kor 8,7]) müssen berücksichtigt werden. Die christliche Freiheit des „mir ist alles erlaubt" ist dann nicht der höchste Ausdruck christlicher Freiheit. Die Rücksicht auf den anderen ist um Christi willen geboten – und gerade in dieser Bindung an Christus vollzieht sich die Freiheit eines Christenmenschen.

Ist indes niemand anderes betroffen, bleibt im Fall des Essens die Freiheit der entscheidende Maßstab: *„Warum sollte ich meine Freiheit beurteilen lassen vom Gewissen eines andern? Wenn ich mit Danksagung am Mahl teilnehme, warum sollte ich mich Lästerer nennen lassen wegen etwas, wofür ich danke?*" (1Kor 10,29–30) Auch hier kommt der schöpfungstheologisch begründete Dank für das Essen als unterstützendes Argument dazu.

Der Vorrang des Evangeliums. In einem ethischen Konflikt können mehrere Normen berührt sein, deren Gewicht von den Beteiligten unterschiedlich stark eingeschätzt wird. In der Hierarchisierung der berührten Normen ist die gemeinsame Verkündigung des Evangeliums von Jesus Christus der entscheidende Maßstab. Denn der Umgang mit solchen Konflikten hat immer auch Folgen für die Wahrung der Einheit der christlichen Gemeinschaft wie für ihr Bild nach außen: *„Erregt keinen Anstoß, weder bei den Juden noch bei den Griechen noch bei der Gemeinde Gottes."* (1Kor 10,32) Das entscheidende Kriterium, dem Paulus sich in allem Handeln verpflichtet weiß, ist die ungehinderte und gemeinsame Verkündigung des Evangeliums (1Kor 9,19–23). Daher muss es bisweilen möglich sein, dass Gläubige für sich persönlich zu verschiedenen Erkenntnissen und Handlungsweisen kommen, sich gleichzeitig im Raum der Gemeinde aber um ein miteinander abgestimmtes und einträchtiges Verhalten bemühen.

3.4 Dogmatische Entscheidungen kirchenleitender Gremien

Auch in dogmatischen Fragen kommen – ähnlich wie in ethischen – unterschiedliche Zugänge zur Erfassung des Problems und zu seiner Deutung zum Tragen, wie die aktuellen Herausforderungen, Zugänge anderer Wissenschaften (Philosophie, Kulturwissenschaften, Soziologie, Naturwissenschaft u.a.) zum Thema, die Entwicklung der kirchlichen und theologischen Lehre in Geschichte und Gegenwart sowie der ökumenische Gesprächskontext. Die biblischen Texte sind dabei als grundlegend einzubeziehen, indem danach gefragt wird, welche Texte für die Behandlung der Thematik eine Rolle spielen, sei es in direkter Bezugnahme auf das Thema, sei es indirekt über den Zusammenhang mit anderen Aspekten, die für die Fragestellung bedeutsam sind. Den reformatorischen Bekenntnisschriften kommt für den Umgang mit der Schrift eine zentrale Bedeutung zu, insofern sie die Vielfalt der biblischen Texte vom Evangelium her und auf das Evangelium hin begreifen und von daher unter den biblischen Texten und ihren einzelnen Themenfeldern eine unterschiedliche Gewichtung vornehmen. So ist etwa das Abendmahl von seinem theologischen Grundsinn (Gegenwart Jesu Christi zur Versöhnung für die Glaubenden) her zu begreifen, und so ist an seinen konstitutiven Elementen (Abendmahlsgaben, Einsetzungsworte, versammelte Gemeinde) festzuhalten; etwas hingegen, was als bloße Zeremonie zu betrachten ist, kann der gemeindlichen Tradition oder auch der Neuerung durch die Gemeinde anheimgestellt bleiben. Nicht allem, was in der Bibel steht, kommt gleiches Gewicht und gleiche Bedeutung zu. Nicht einmal alle Schriften der Bibel haben die gleiche Bedeutung, wenn es darum geht, das für den christlichen Glauben und die kirchliche Lehre Bedeutsame festzuhalten. So hat das Bekenntnis zu Jesus Christus als dem Herrn, der gestorben ist und auferweckt wurde (vgl. Röm 10, 9 f.), ein anderes Gewicht als die Frage, ob die Frau ein Kopftuch tragen und im Gottesdienst schweigen soll (vgl. 1Kor 11,3–6). Dies Letztere ist mithin eine Frage, die nicht durch historische Kontextualisierung beantwortet und relativiert wird. Die Relativierung ergibt sich vielmehr aus der Reflexion auf das unterschiedliche theologische Gewicht einzelner Gehalte der Schrift: Dies wiederum ist eine Perspektive auf die Schrift, die sich aus der Schrift selbst ergibt.

Diese Einsicht in das unterschiedliche Gewicht einzelner Gehalte der Schrift und ihrer Texte haben die Reformatoren für die Auslegung der Schrift und für die Ausbildung der kirchlichen

Lehre hermeneutisch zum Zug gebracht. Sie waren der Überzeugung, gerade so dem eigentümlichen Anspruch und Charakter der Schrift zu entsprechen und darin die Schrift selbst zur Geltung zu bringen. Die reformatorischen Bekenntnisschriften haben ihre besondere Bedeutung für die evangelischen Kirchen deshalb, weil sie Ausdruck des Evangeliums sind und Lehre, Verkündigung und Sozialgestalt der Kirche am Evangelium ausrichten. Vom Evangelium von Jesus Christus als dem Zentrum der Schrift her nehmen sie im Zusammenhang der Lehre eine Gewichtung der theologischen Gehalte vor, je nachdem, wie eng ein theologischer Topos mit dem Evangelium zusammenhängt, bis dahin, dass etwas als ein *Adiaphoron* gelten kann, das der Gewohnheit der gemeindlichen Tradition oder auch der Neuerung durch die Gemeinde anheimgestellt werden kann.[5]

Kirchenleitende Entscheidungen in Fragen der Dogmatik haben neben Schrift und Bekenntnis auch die Entwicklung der theologischen Lehre in der Geschichte von Theologie und Kirche zu berücksichtigen sowie den gesellschaftlichen Wandel zu reflektieren. In Entscheidungsprozessen, in denen dogmatische Fragen verhandelt werden, sind insofern die verschiedenen inhaltlichen Aspekte, die es wahrzunehmen gilt, zunächst einmal klar zu benennen, unterschiedliche Zugänge offenzulegen und zu berücksichtigen. Im gesamten Setting der Aspekte ist es transparent zu machen, nach welchen Gesichtspunkten und mit welcher Abwägungspriorität eine Entscheidung zustande gekom-

---

5 *Adiaphora* sind Dinge, die nicht heilsrelevant sind, sondern für die Frage des Heils als neutral anzusehen sind und daher offen für eine freie Gestaltung durch die Gemeinde sind, wie etwa die Frage des Beginns des Gottesdienstes. Diese Sichtweise schließt nicht aus, dass etwas, was von der Auslegungsgemeinschaft der Kirche als ein Adiaphoron angesehen wird, für andere etwas darstellt, woran sie sich in ihrem sich auf das biblische Wort berufenden Gewissen gebunden sehen. In diesem Fall bedarf es des auf Überzeugung ausgerichteten Gesprächs darüber, welchen Charakter der in Frage stehende Sachverhalt hat.

men ist. Dort, wo Schrift und Bekenntnis einen theologischen Zugang zum dogmatischen Problem geben, haben sie im Setting der Argumente und im Gang der Abwägung ein höheres Gewicht als andere Aspekte und deshalb eine im Sinne des Überlegungsgleichgewichts orientierende und prägende Bedeutung.

3.5 Schriftauslegung in kirchenleitenden Entscheidungen als Vollzug theologischer Urteilskraft

Um in kirchenleitenden Entscheidungen dem Evangelium zu entsprechen, bedarf es der theologischen Urteilskraft. Diese theologische Urteilskraft ordnet die vielfältigen Faktoren zu einem kohärenten Zusammenhang und bildet so ein Überlegungsgleichgewicht.

Theologische Urteilskraft zeichnet sich durch eine bestimmte Haltung aus: durch Offenheit des Hörens im Vertrauen auf das Wirken des Heiligen Geistes und die Ausrichtung am Evangelium als der orientierenden Mitte der Schrift; durch das Studium der biblischen Texte in ihren Entstehungs- und in ihren kirchengeschichtlichen Auslegungssituationen; durch die informierte Gegenwartswahrnehmung sowie die Berücksichtigung der themenbezogenen wissenschaftlichen Diskurse.

a) Die Offenheit des Auslegungsprozesses

Die biblischen Texte sind in der Haltung von Offenheit und Bereitschaft, sich überraschen zu lassen, zu hören und auszulegen. Erst im und durch den Auslegungsprozess kann beurteilt werden, wie und was die Schrift für eine aktuelle Frage oder ein gegenwärtiges Problem zu sagen hat.

Dabei ist mit einer Vielfalt an Wirkungsweisen und Aspekten zu rechnen. Durch die Schriftauslegung können eigene Einseitigkeiten erkannt werden, können bisher unbeachtete Gesichtspunkte berücksichtigt werden, kann der Mut zum eigenen Urteil gestärkt werden, kann zu Besonnenheit und Geduld im Entscheidungsprozess angeregt werden, können Prioritäten deutlich werden etc.

b) Das Studium der biblischen Texte in ihrer Entstehung, geschichtlichen Wirkung und Rezeption

Die biblischen Texte werden durch die historisch-kritische Exegese verstehbar als jeweils situations- und kontextbezogenes Ringen um das Verstehen des Willens Gottes.

Durch die kirchengeschichtliche Forschung wird sichtbar, wie auf die biblischen Texte in den verschiedenen geschichtlichen Situationen Bezug genommen wurde und welche jeweiligen Wirkungen und Implikationen diese Bezugnahme hatte. Dies verhilft in der aktuellen Auslegung zu einem tieferen Verstehen der biblischen Texte. Die kirchengeschichtliche Forschung zeigt problematische Rezeptionen, erhellt ambivalente Wirkungen bestimmter Rezeptionen und bewahrt vor Einseitigkeiten. Sie zeigt auch vernachlässigte Bedeutungsdimensionen der biblischen Texte auf. Die kirchengeschichtliche Forschung zeigt auch, welche Kraft die biblischen Texte in der Geschichte entfalteten, um das Evangelium in schwierigen Situationen zu leben und zu bezeugen.

Ebenso vertiefen liturgiegeschichtliche, praktisch-theologische und religionspädagogische Forschungen das Verständnis der biblischen Texte.

Eine dogmatisch-theologische Auslegung in kirchengestaltender und kirchenleitender Absicht muss alle diese Aspekte integrieren, um jeweils zu einem eigenen Verstehen der biblischen Texte in der je gegenwärtigen Situation zu gelangen.

c) Informierte Gegenwarts- und Situationswahrnehmung

Theologische Urteilskraft setzt sich intensiv mit ihrer Gegenwart auseinander, wozu potenziell alle verfügbaren wissenschaftlichen Erkenntnisse wie auch die erkennbaren politischen, sozialen und kulturellen Dynamiken gehören. Sie lässt sich herausfordern durch Gegenwartskunst und Popkultur, sie rechnet mit neuen Einsichten durch den interreligiösen Dialog und durch nicht-christliche Weltanschauungen. Sie ist bereit, sich durch andere Perspektiven verunsichern zu lassen, um dann durch das Hören auf das Evangelium neue Klarheit für Lehre und Handeln der Kirche in der Gegenwart zu gewinnen.

Theologische Urteilskraft verbindet all dieses: das Hören auf die biblischen Texte, wie die Exegese sie erschließt; die christliche Auslegung der Texte im Laufe der Christentumsgeschichte, wie die Kirchen- und Theologiegeschichte sie erforscht; die Berücksichtigung der zeitgenössischen wissenschaftlichen Forschung sowie die Wahrnehmung der Gegenwartskultur, um im Sinne des Überlegungsgleichgewichts das Evangelium im Blick auf die aktuelle Situation und Fragestellung zur Geltung zu bringen.

Dies geschieht in einem komplexen, nicht eindeutig methodisierbaren Abwägungsprozess, in welchem die zu berücksichtigenden Aspekte so aufzunehmen sind, dass sich eine kohärente Argumentation bildet, die in eine verantwortliche Entscheidung mündet, welche die gerade bestmögliche Bezeugung des Evangeliums vollzieht.

Der Prozess mündet entweder aufgrund eines vorgegebenen Zeitplans in einen Akt der Entscheidung, oder die Entscheidung wird dann vollzogen, wenn erkennbar keine neuen Argumente oder Aspekte im Gespräch mehr auftauchen. Auch wenn im Zuge solcher Auslegung nicht immer auf vollkommenen Konsens und vollständige Konsistenz zu hoffen ist, so ist doch eine begründete, plausible, in ihren einzelnen Aspekten transparente Entscheidung möglich, die sich bewährt, indem sie zu überzeugen vermag. Im Prozess gemeinsam verantworteten kirchenleitenden Handelns werden Mehrheitsentscheidungen getroffen, die auf gemeindliche Rezeption angelegt sind. Bei solchen Mehrheitsentscheidungen ist gleichwohl immer darauf zu achten, wie die überstimmten Minderheiten mit diesen Entscheidungen leben können.

Kirchenleitende Entscheidungen haben auch rechtlich bindenden Charakter. Sie unterstehen dabei dem Maßstab der evangeliumsgemäßen Auslegung der Schrift. Kirchenleitende Entscheidungen zielen auf Bewährung in der Praxis und auf Bewährung durch die Rezeption in den Gemeinden.

3.6 Der Status von kirchenleitender Schriftauslegung angesichts bleibender Auslegungspluralität

Keine Schriftauslegung kann sich als die einzig legitime oder einzig mögliche christliche Schriftauslegung ausgeben. Im Streit um die Schriftauslegung sind prinzipiell erst einmal die verschiedenen Positionen als ernsthafte Bemühung um den christlichen Glauben und um das Zeugnis des Evangeliums zu respektieren und im Diskurs miteinander zu halten.

In bestimmten Situationen aber ist es nicht nur sinnvoll, sondern erforderlich, einzelne Positionen als unvereinbar mit Schrift und christlichem Glauben zu markieren. Kirchenleitende Schriftauslegung ist auch ein Akt des Mutes, angesichts einer konkreten Herausforderung einen begründeten Entscheid zu treffen; und sie ist immer auch ein Akt des Vertrauens darauf, dass sich im Prozess der Rezeption in den Gemeinden ihr Entscheid bewährt und bewahrheitet.

Kirchenleitende Entscheidungen haben verbindlichen Charakter. Kirchenleitende Schriftauslegung darf jedoch niemandem aufgezwungen werden, der sich an die Schrift mit seinem Gewissen gebunden fühlt. Wohl aber kann durch ein geregeltes Verfahren im Extremfall ein bestimmtes Verhalten bzw. eine bestimmte Lehre sanktioniert werden, wenn dadurch die Verkündigung des Evangeliums in ernster Weise verkehrt oder verstellt wird.

Kirchenleitendes Handeln kann sich auch irren. Die Gemeinschaft der Glaubenden lebt davon, dass sich in der Geschichte auch immer einzelne Christinnen und Christen mit Bezug auf das an Gottes Wort gebundene Gewissen der Kirchenleitung widersetzt haben und so das Evangelium für ihre Zeit mutig und entschieden bezeugt haben.

Gemeindeübergreifende Kirchenleitung soll so weit wie möglich das Gemeindeprinzip achten. Dies gehört zum evangelischen Grundverständnis von Kirche. Kirchenleitung zielt darauf, die Gemeinschaft der Verschiedenen zu wahren und Dialogprozesse in Gang zu halten. Sie wird in der Vielfalt der Überzeugungen nicht einen Mangel des kirchlichen Lebens sehen, sondern sie als Ausdruck einer lebendigen Aneignung des Evangeliums zu verstehen suchen. Sie wird Prozesse der Verständigung offenhalten im Vertrauen darauf, dass das dem Evangelium Gemäße sich bewahrheiten wird. Sie wird auch Entscheidungen treffen, mit denen sie sich inhaltlich festlegt und denen verbindlicher Charakter zukommt. Dazu ist kirchenleitendes Handeln herausgefordert, um Lehre, Leben und Sozialgestalt der Kirche für die Fragen der Gegenwart am Evangelium zu orientieren und zu gestalten. Damit ist auch das Risiko verknüpft, dass es zu einer solchen Rezeption nicht oder nur bedingt kommt. Kirchenleitendes Handeln hält diesen Raum der Bewährung offen – und vertraut darin dem Wirken des Heiligen Geistes.

4. Etüden

4.1 Etüde: Die Frage nach der Teilnahme von getauften Kindern am Abendmahl[6]

1. Warum dieses Beispiel?

Dieses Fallbeispiel behandelt ein Thema, das sich im Neuen Testament in moderner exegetischer Perspektive nicht explizit findet. Biblische Grundlagen im engeren Sinn sind nicht vorhanden. Das hat sich gegenüber Einschätzungen in früheren Epochen der Kirchengeschichte tiefgreifend geändert. Mit historischem Blick auf die Abendmahlspraxis in neutestamentlicher Zeit kann man das Thema daher auch nicht klären. So müssen Gemeinden heute in ihre Entscheidung im Hinblick auf die Teilnahme von getauften Kindern am Abendmahl grundsätzlichere Überlegungen einbeziehen wie z.B. die Frage nach dem theologischen Sinn des Abendmahls und der Bedeutung der Taufe für gelebtes Christsein in Gemeinde und Kirche. Der Rückgriff auf die Aussagen der Schrift ist dementsprechend nicht nur auf die neutestamentlichen Abendmahlsüberlieferungen, sondern auch auf Texte zur Taufe und zum Verständnis von Gemeinde und Kirche ausgerichtet. Hierbei handelt es sich um biblische Grundlagen im weiteren

---

6 Das Abendmahl wird hier von den neutestamentlichen Texten über das letzte Mahl Jesu mit seinen Jüngern verstanden (Mk 14,12–26; Mt 26,17–30; Lk 22,7–23; 1Kor 11,23–25). In den synoptischen Texten ist das Herrenmahl als Bekräftigung der Jüngerschaft, Teilhabe am Geschick Jesu Christi, Ausdruck bleibender Verbundenheit mit ihm und Zugehörigkeit zu ihm aufzufassen und nicht als missionarisch ausgerichtetes Mahl. Bei Paulus sind die Bezugnahmen auf das Abendmahl eingebunden in einen Kontext, in dem es um das Gemeindeverständnis als Leib Christi geht (vgl. 1Kor 12,12–27; 1Kor 10,16 f.). Zum Leib Christi gehören alle Getauften (vgl. 1Kor 12,13).

Sinn. Je nach Gewichtung und systematisch-theologischer Entfaltung dieser Grundlagenthemen und ihrer Verhältnisbestimmung zueinander können konkrete Entscheidungen für die Abendmahlspraxis vor Ort am Ende unterschiedlich ausfallen. Insofern die Begründungen grundsätzlich auf die Schrift rückbezogen und systematisch-theologisch reflektiert sind, haben sie auch ihr jeweiliges Recht. Konkrete Entscheidungen bewegen sich damit in einem Spielraum begründeter Möglichkeiten. Das Beispiel zeigt überdies, wie neben dem Schriftgebrauch immer auch pädagogische und entwicklungspsychologische Ansätze Entscheidungen beeinflusst haben und beeinflussen.

2. Gegenwärtige Problemanzeigen

Ob und in welcher Form getaufte Kinder an einer Abendmahlsfeier teilnehmen dürfen, wurde in den einzelnen Landeskirchen seit den 1970er Jahren intensiv diskutiert. Trotz eines breiten theologischen Klärungsprozesses wird die Zulassung von Kindern zum Abendmahl in einigen Landeskirchen bis heute nicht flächendeckend praktiziert, das heißt, in einzelnen Gemeinden wird sie abgelehnt und an die Konfirmation gebunden. Aber auch dort, wo Kinder und Jugendliche (vor der Konfirmation) zum Abendmahl zugelassen werden, geschieht das – je nach landeskirchlichem Beschluss und kirchengemeindlicher Entscheidung vor Ort – nicht unter einheitlichen Bedingungen. In der Praxis finden sich hier ganz unterschiedliche Modelle, und so kann es im konkreten Einzelfall dazu kommen, dass sich eine evangelische Familie bei einem Umzug innerhalb der Bundesrepublik darauf einstellen muss, dass ihre getauften Kinder am neuen Wohnort auf ein Mindestalter für die Teilnahme am Abendmahl stoßen, eine Unterweisung nachholen oder in einigen Fällen sogar bis zur Konfirmandenzeit warten müssen.

3. Konkrete biblische Einzelaussagen (Biblische Grundlagen im engeren Sinn)

Speziell zur Frage der Teilnahme von Kindern am Abendmahl finden sich im Neuen Testament – wie oben erwähnt – keine eigenen Erörterungen. Dass das Thema fehlt, kann damit zusammenhängen, dass sich im frühen Christentum nur Erwachsene zum Christusglauben bekehrten und taufen ließen. Auch im Hinblick auf die in den Familien ggf. vorhandenen Kinder lässt sich keine sichere Aussage treffen. So ist unter historischen Gesichtspunkten nicht zu klären, ob in den frühchristlichen Gemeinden ganze Familien und Hausgemeinschaften, das heißt auch Kinder, am Abendmahl teilgenommen haben oder nicht (vgl. Apg 2,42.46 f.; 1Kor 11,17–34).

Aufgrund dieser „Lücken" wurde in Kirchengeschichte und Tradition daher entweder nach Interpretationsmöglichkeiten einzelner Passagen innerhalb der Abendmahlsüberlieferungen gesucht oder/und nach anderen neutestamentlichen Texten, die implizit etwas zur Teilnahme oder gegen die Teilnahme getaufter Kinder am Abendmahl sagen könnten. So wurden z.B. einzelne Verse aus 1Kor 11,17–34 ihrem Kontext entnommen (1Kor 11,27–29) und für sich allein interpretiert. In 1Kor 11,27–29 spielen innerhalb der Ausführungen zum Abendmahl die Stichworte „unwürdiger Genuss" und „Selbstprüfung hin auf Würdigkeit" eine zentrale Rolle, da sonst das Gericht Gottes drohe. Die aus ihrem neutestamentlichen Kontext isolierten Verse wurden in der kirchlichen Tradition nicht selten auf eine im ethischen (Fehlverhalten) und auch dogmatischen (Lehrabweichungen) Sinn verstandene Dignität und/oder auch auf einen bestimmten kognitiven Entwicklungsstand hin ausgelegt und so die Basis für eine Grundsatzerklärung gegen die Teilnahme von Kindern am Abendmahl begründet. So wird mitunter bis heute argumentiert. In gegenwärtiger exegetischer Perspektive herrscht inzwischen jedoch ein breiter Konsens, dass die Verse 1Kor 11,27–29 nicht aus ihrem Kontext 1Kor 11,17–34 isoliert werden dürfen. Wenn man den Kontext berücksichtigt, wird deutlich, dass sich die Würdigkeit für Paulus auf das christusgemäße solidarische Miteinander der feiernden Gemeinde, nicht auf die sittliche oder lehrmäßig konforme Integrität oder kognitive Entwicklung des/der Einzelnen, bezieht. Damit wird auch eine damit begründete Grundsatzerklärung gegen die Teilnahme von Kindern am Abendmahl hinfällig.

Auch Mt 26,28 wurde und wird gegen die Teilnahme getaufter Kinder am Abendmahl bemüht. Die hier erwähnte Sündenvergebung im Abendmahl (*„das ist mein Blut des Bundes, das vergossen wird für viele zur Vergebung der Sünden"*) setze Verständnis und Erkenntnis von Schuld und Sünde voraus.

Aber auch für die Teilnahme getaufter Kinder am Abendmahl wurde in Kirchengeschichte und jüngerer Vergangenheit nach Texten im Neuen Testament gesucht, die die „Lücken" überbrücken und eine zureichende theologische Begründungsbasis liefern konnten. Hier spielte z.B. Joh 6,53 eine zentrale Rolle: Das Abendmahl ist unerlässliche Bedingung für Heil und ewiges Leben (*„... wenn ihr nicht esst das Fleisch des Menschensohns und trinkt sein Blut, so habt ihr kein Leben in euch"*). Weiterhin waren und sind von Bedeutung:

- die Aussagen zur Taufe in 1Kor 12,13; 1Kor 10,17; Gal 3,27 f.,

- die Leib-Christi-Aussagen in 1Kor 10,17 (*„So sind wir viele ein Leib, weil wir alle an einem Brot teilhaben"*) und in 1Kor 12,12 ff.,

- 1Kor 10,1–6, wo sich die typologische Entsprechung von Abendmahl und Speisung während der Wüstenwanderung Israels findet: Das Abendmahl kann von hier als Speisung des wandernden Gottesvolkes gedeutet werden, es bedeutet damit auch Stärkung auf dem lebenslangen Weg des Christseins.

- Mk 10,14 (*„Lasset die Kinder zu mir kommen"*): Christus verwehrt Kindern im Abendmahl ebenso wenig die Fülle seiner Gnade, wie der irdische Jesus den Kindern den Segen verwehrt hat.

4. Blick in die Kirchengeschichte

Ein knapper Blick in die Kirchengeschichte zeigt, dass die Teilnahme von getauften Kindern am Abendmahl über viele Jahrhunderte hinweg selbstverständliche Praxis war und erst im Mittelalter – und hier auch nur in einem Teil der Kirche – aufgegeben worden ist. Bei allen theologischen Entscheidungen haben jeweils nicht nur konkrete biblische Texte und deren Auslegung, sondern auch grundsätzlichere theologische Überlegungen eine Rolle gespielt.

Vom zweiten Jahrhundert bis in das Mittelalter hinein galt die Teilnahme von Kindern an der Eucharistie als für diese heilsnotwendig (vgl. Joh 6,53): Da Taufe und Eucharistie für die Erlangung des Heils als in gleicher Weise erforderlich betrachtet wurden, wurden alle getauften Kinder, auch Säuglinge, zur Eucharistie mitgenommen. Allerdings wurde auch schon in der Alten Kirche über die in 1Kor 11,27 f. geforderte Selbstprüfung und Würdigkeit beim Abendmahl nachgedacht und die „Würdigkeit" auf eine allgemeine sittliche Ebene gehoben. Der Kirchenvater Augustin (354–430) mahnte in Anlehnung an

1Kor 11,28 dazu, ein reines Gewissen an den Altar zu bringen, das heißt, sich vor dem Abendmahl einer Gewissensprüfung zu unterziehen – ob man etwa einen Verstoß gegen die Zehn Gebote begangen hätte. Das verpflichtete bereits in der Alten Kirche zur Beichte vor dem Abendmahl. Die Sorge um die Dignität wurde durch 1Kor 11,29 f. noch verstärkt: Unwürdiger Sakramentsgenuss konnte unmittelbare, schwere Strafen von Gott nach sich ziehen: *„Denn wer isst und trinkt und nicht bedenkt, welcher Leib es ist, der isst und trinkt sich selber zum Gericht. Darum sind auch viele Schwache und Kranke unter euch, und nicht wenige sind entschlafen."* (1 Kor 11,30)

Als sich die christliche Kirche im Jahr 1054 in eine Ostkirche und Westkirche teilte, behielt der Osten die aus der Alten Kirche herkommende Praxis der Säuglings- und Kinderkommunion bei. So erhalten Kinder in den Orthodoxen Kirchen bis heute unmittelbar nach Taufe und Salbung das Abendmahl. Im Westen vollzog sich dagegen eine andere Entwicklung. Im Jahr 1215 wurde auf dem IV. Laterankonzil der Beschluss gefasst, Kinder unter sieben Jahren vom Altarsakrament auszuschließen. Begründet wurde die Festsetzung der Altersgrenze mit der Auffassung, dass Kinder erst ab sieben Jahren in der Lage seien, die geweihte Hostie von gewöhnlicher Speise zu unterscheiden (*„anni discretionis"*). Hinzu kamen im hohen Mittelalter theologische Ausprägungen der Abendmahlslehre (Opfer, Wandlung), die dazu führten, dass der würdige Umgang mit den gewandelten Elementen der Eucharistie immer stärker in den Vordergrund rückte. Bald wurde auch älteren Kindern nicht mehr zugetraut, mit den Abendmahlselementen angemessen umzugehen. Das Alter für die Erstkommunion wurde dementsprechend auf zehn bis vierzehn Jahre angehoben.

Die Reformatoren wie die ihnen nachfolgende Tradition behielten die für die Erstkommunion vorgefundene Altersgrenze von zehn bis vierzehn Jahren bei Einführung der Konfirmation bei. Sie verstanden die Konfirmation als bewusste Bekräftigung der Taufe und der Zugehörigkeit zur christlichen Kirche vor der versammelten Gemeinde und verknüpften damit die Zulassung zum Abendmahl. Aufgrund seiner Hochschätzung der Taufe als wirksames vorgängiges Zeichen der Gnade des dreieinigen Gottes für das ganze christliche Leben stand Martin Luther der Zulassung von getauften Kindern zum Abendmahl nicht grundsätzlich ablehnend gegenüber (WA.TRI,157, Nr. 365), zog aber hieraus keine praktischen Konsequenzen. Die Auffassung der Reformatoren, dass ein Christenmensch die Elementaria des christlichen Glaubens (Vaterunser, Credo, Zehn Gebote, Sakramente) kennen und als Heilsglauben begreifen können sollte, um für sich selbst zu erfassen, was den evangelischen Glauben und das Leben der Gemeinde prägt, führte zur Einführung der evangelischen Katechismen und einer Förderung der christlichen Unterweisung, aus der später der Konfirmandenunterricht entstand. Christliches „Katechismuswissen" sowie die Einsicht in die Notwendigkeit der Buße wurden so zu Vorbedingungen für die Konfirmation, und die Konfirmation wiederum wurde zur Bedingung für die Abendmahlsteilnahme der christlich unterrichteten (und geprüften) jungen Erwachsenen. Auch ein einseitig akzentuiertes Verständnis des Abendmahls als Ritus der individuellen Sündenvergebung, die eine Beichte voraussetzte, förderte die Beschränkung der Teilnahme am Abendmahl auf Erwachsene. Hatten die Reformatoren die von Paulus in 1Kor 11,27–29 geforderte Dignität als ernsthafte Sehnsucht nach Gottes Gerechtigkeit und demütiges Vertrauen auf die Gnade Christi verstanden, kommt es mit dem Pietismus zu einer starken Moralisierung christlicher Frömmigkeit und einer ausschließlich an ethischen Maßstäben orientierten Interpretation von 1Kor 11,27–29.

Anfang des 20. Jahrhunderts, nämlich im Jahr 1910, senkte die Römisch-Katholische Kirche das Erstkommunionsalter wieder auf sieben Jahre. In den Evangelischen Landeskirchen führten ökumenische Impulse, neue exegetische Erkenntnisse (konsequente, die einzelnen Bibelstellen im Zusammenhang des ganzen Textes interpretierende Exegese und damit die Klärung des Problems der Würdigkeit in 1Kor 11, 27–29) sowie Impulse aus den liturgischen Reformbewegungen zu einer Neubesinnung in der Frage des Abendmahls mit Kindern. In der Folge dieses Prozesses hat sich seit den 1970er Jahren die Teilnahme von getauften Kindern vielerorts, aber nicht flächendeckend und auch nicht einheitlich durchgesetzt.

5. Biblische Grundlagen im weiteren Sinn und systematisch-theologische wie praktisch-theologische Reflexionen

Für eine sachgerechte theologische Beurteilung der Teilnahme von Kindern am Abendmahl sind die konkreten biblischen Texte zum Abendmahl aufgrund des ihnen fehlenden Kinderthemas nicht ausreichend. Es sind grundsätzlichere Fragen einzubeziehen wie die nach der Bedeutung von Taufe und Abendmahl und den daraus für die Gemeindepraxis erwachsenden Konsequenzen.

Wenn die Taufe in die Gemeinde als Leib Christi eingliedert und das Recht zur Teilnahme am Abendmahl verleiht, müssen dann noch weitere Kriterien für die Mahlteilnahme erhoben werden? Wenn die Taufe mit Christus verbindet und den Beginn eines lebenslangen Weges in der Christuszugehörigkeit markiert, der sich erst im Tod vollendet, durch wen und nach welchen Kriterien ist auf diesem Weg ein Zugangsalter für das Abendmahl zu definieren? Wer ist ein würdiger Teilnehmer, eine würdige Teilnehmerin im neutestamentlichen Sinne von „Würdigkeit", nämlich auf die Gemeinschaft mit Christus und die Gemeinde als Leib Christi hin ausgerichtet zu sein? Das Abendmahl hat viele theologische Sinndimensionen; wenn es jedoch in zentraler Weise Christusbegegnung für die Gemeinde und den Einzelnen ist, die mit Christus als ihrem Herrn unterwegs sind und durch ihn in der Mahlfeier immer wieder aufgebaut und gestärkt werden, dann stellt sich die Frage, mit welcher Begründung Kinder – egal welchen Alters – aus dieser Christusbegegnung ausgenommen werden?

Das Abendmahl ist auch Mahl der Angefochtenen und derer, die auf Barmherzigkeit und Vergebung angewiesen sind und diese Barmherzigkeit und Vergebung im Abendmahl erfahren können. Wann sind Kinder in der Lage, diesen Aspekt des Abendmahls nachzuvollziehen? Wie entscheidend ist er und kann er durch eine entsprechende Unterweisung bewusst gemacht werden? Welche Rolle und welche Aufgabe kommen Eltern und Paten dabei zu? In welcher Weise übernimmt die Gemeinde die Verantwortung dafür? Die Teilnahme am Abendmahl drückt Dank für Gottes Zuwendung zur Welt und Hoffnung auf ihre Vollendung aus, sie ist nicht zuletzt ein Bekenntnisakt. Müssen und können diese Aspekte in der Abendmahl feiernden Gemeinde allen und immer umfassend gegenwärtig sein? Auch die Bedeutung der Konfirmation ist zu bedenken, denn sie ist theologisch auf die Taufe bezogen und nicht primär nur auf das Abendmahl. Weiterhin ist nach dem Verständnis von Glauben sowie nach dem Verständnis von Gemeinde und Kirche zu fragen und nach dem Verhältnis von Taufe, Wortverkündigung und Abendmahl.

Alle Fragen verlangen eine intensivere systematisch-theologische Reflexion, die hier nicht im Einzelnen vorgeführt werden kann. Für ihre Klärung ist jedoch immer auch der Rückgriff auf die Aussagen der Schrift konstitutiv. Neutestamentliche Texte zum Thema Glaube wie Röm 10,14–17, Tauftexte wie 1Kor 12,13; 1Kor 10,17; Gal 3,27 f. sind von Bedeutung ebenso wie die Leib Christi-Aussagen in 1Kor 10,17 (*„So sind wir viele* ein *Leib, weil wir alle an* einem *Brot teilhaben"*) und 1Kor 12,12–27, wo das Verständnis von Gemeinde als Leib Christi entfaltet wird (jedes Glied gehört zum Ganzen und ist gleichermaßen wichtig).

6. *Weitere Aspekte, die die Diskussion mitbestimm(t)en*

Gegebenenfalls ist die Reflexion weiterer Aspekte bedeutsam, die bewusst oder unbewusst Einfluss auf die Entscheidungsfindung hatten und haben und die teilweise in der Tradition eine gewichtige Rolle gespielt haben. So finden sich u.U. bestimmte pädagogische bzw. lern- und entwicklungspsychologische Perspektiven auf Kinder, die mit bestimmten Abendmahlsauffassungen zusammengehen können (Kinder können die Bedeutung des Abendmahls intellektuell noch nicht erfassen, sie verhalten sich u.U. nicht angemessen). Religionspädagogische Argumente betonen demgegenüber, dass Lernprozesse keineswegs auf kognitive Sachverhalte einzuschränken sind und im Lebensalter von vier bis zehn Jahren in der Regel nachhaltiger wirken als im späteren Lebensalter. Hinzu kommt, dass frühe, positive Erfahrungen der eigenen Annahme und Zugehörigkeit bei der Feier des Abendmahls in der Folge mit einer höheren Zustimmung und Offenheit für die Teilnahme am Abendmahl verbunden sind. Das trifft unter umgekehrten Vorzeichen ebenso auf frühe, negative Erfahrungen mit Exklusion vom Abendmahl zu. Ganz praktisch kann vor Ort im Übrigen auch das Verhältnis von Kindergottesdienst und Abendmahl zu klären sein, wenn die Kinder während des Abendmahls oft noch im Kindergottesdienst sind und das Abendmahl so schon von der äußeren Gestaltung her zu einer Veranstaltung der Erwachsenen gerät.

7. Folgerungen für das kirchenleitende Handeln

Die Folgerungen aus den verschiedenen Reflexionen können dann tatsächlich unterschiedlich ausfallen, je nach Antworten, die sich eine Gemeinde auf die unter 4. gestellten theologischen Fragen im Gespräch mit biblischen Texten und der auf ihnen fußenden Theologie erarbeitet und je nach Berücksichtigung der unter 5. aufgeführten Aspekte. Weil Gewichtungen und Priorisierungen unterschiedlich ausfallen können, kann es folgerichtig auch zu unterschiedlichen Folgerungen für die Praxis kommen. So bestehen derzeit auch verschiedene Möglichkeiten in der Praxis nebeneinander:

a) Getaufte Kinder können ohne jede weitere Auflage, die u.U. als Zulassungs- (bzw. Einladungs-)beschränkung wirkt, am Abendmahl teilnehmen. Das bedeutet de facto eine Rückkehr zur Praxis der Alten Kirche.

b) Getaufte Kinder können mit Auflagen am Abendmahl teilnehmen, die der örtliche Kirchenvorstand im Einzelnen festlegt, z.B.:

- nur in Begleitung der Eltern (die die Hostie ggf. mit ihnen teilen),
- in Begleitung der Eltern und auf altersgerechte Unterweisung hin (dabei kann zusätzlich ein bestimmtes Alter festgelegt werden),

- selbständige Teilnahme auf altersgerechte Unterweisung hin,
- selbständige Teilnahme während der Konfirmandenzeit,
- selbständige Teilnahme erst mit der Konfirmation.

Dementsprechend werden Kinder selbstverständlich oder/und mit Auflagen oder gar nicht zum Abendmahl eingeladen. Kirchenleitend gilt gegenwärtig überall das Gemeindeprinzip. Die Uneinheitlichkeit in der Praxis mag unbefriedigend sein, sie spiegelt jedoch das ganze Feld biblisch-theologisch begründbarer Handlungsmöglichkeiten. Entscheidungen sind hier trotzdem immer nur vorläufig, sie können sich durch weitergehende theologische Überlegungen einer Gemeinde zugunsten anderer Gewichtungen verändern. Diesen Prozess kann kirchenleitendes Handeln initiieren, fördern und begleiten, aber nicht normieren.

4.2 Etüde: Die Notwendigkeit der Ordination von Frauen

1. Warum dieses Beispiel? Historisch-theologisch differenzierendes contra buchstäbliches Verständnis der Bibel

Im Folgenden werden nicht sämtliche Aspekte zum Thema Ordination von Frauen verhandelt, sondern es erfolgt eine Fokussierung auf das Fallbeispiel. Mit diesem Thema liegt ein Fallbeispiel dafür vor, dass sich Kirchen heute ausdrücklich vom Willen Gottes, wie er durch das Heilsgeschehen in Jesus Christus erkennbar geworden ist, in Anspruch genommen sehen und gerade deshalb nicht jede Einzelanweisung der Bibel unmittelbar und unter Absehen ihres historischen und theologischen Kontextes befolgen. Das betrifft exemplarisch

1 Kor 14,33a–35: *„Wie in allen Gemeinden der Heiligen sollen die Frauen schweigen in den Gemeindeversammlungen; denn es ist ihnen nicht gestattet zu reden, sondern sie sollen sich unterordnen, wie auch das Gesetz sagt. Wollen sie aber etwas lernen, so sollen sie daheim ihre Männer fragen. Es steht einer Frau schlecht an, in der Gemeindeversammlung zu reden."*

1 Tim 2,11–14: *„Eine Frau lerne in der Stille mit aller Unterordnung. Einer Frau gestatte ich nicht, dass sie lehre, auch nicht, dass sie über den Mann herrsche, sondern sie sei still. Denn Adam wurde zuerst gemacht, danach Eva. Und Adam wurde nicht verführt, die Frau aber wurde verführt und übertrat das Gebot."*

Es handelt sich hier um prominente Bibelverse, bei denen konkret gar keine Ämter im Blick sind, auch nicht das Predigen oder die Sakramentsverwaltung. Als allgemein verstandene Verhaltensanweisungen für einen geordneten Gottesdienst sorgten sie aber noch vor ca. 60 Jahren in Theologinnenordnungen dafür, dass Frauen vom ordinierten Amt ausgeschlossen blieben. Die biblischen Texte zeigen, dass Verhaltensanweisungen für Frauen immer wieder auch mit schöpfungstheologischen Argumenten bzw. der Interpretation von Gen 2 f. verbunden worden sind. In manchen konservativ-evangelikalen Gemeinden, in denen diese Stellen als „klares Wort der Schrift" und zeitlos gültiger Wille Gottes verstanden werden, können Frauen wegen dieser vermeintlichen „Schriftbeweise" noch heute keine öffentlichen gemeindlichen Lehr- und Leitungsämter übernehmen bzw. streben diese auch gar nicht an. Weitere Bibeltexte, die die Unterordnung der Frau unter den Mann (u.a. im Kontext eines antiken christlichen Haushaltes) fordern, waren und sind hier von Bedeutung (vgl. Eph 5,22; Kol 3,18; Tit 2,5; 1 Petr 3,1.5).

Nach einem langen Prozess theologischen Nachdenkens und Streitens sind seit Ende des 19. und Beginn des 20. Jahrhunderts viele Kirchen schrittweise zu der Überzeugung gelangt, dass aus einer historisch wie theologisch differenzierenden Sicht auf die Bibel heraus die oben aufgeführten neutestamentlichen Verse ebenso wie die Stellen, die die Unterordnung der Frau unter den Mann fordern, in ihren antiken Entstehungskontext eingeordnet werden müssen und nicht als zeitlos gültige soziale Normen innerhalb der Kirche Jesu Christi verstanden werden können. Vorrangiger war demgegenüber jedoch die theologische Erkenntnis, dass aus der Frage heraus, was das eigentlich Evangeliumsgemäße und christlich Gebotene sei, solche Stellen anderen, grundlegenderen biblischen Aussagen unter- und nachzuordnen sind (vgl. Gal 3,26–28; 1Kor 12,4–11; 2Kor 5,17). Solche Verhältnisbestimmungen werden dann unabdingbar, wenn man nicht einzelne Sätze ohne Berücksichtigung der ganzen Schrift mit dem Willen Gottes gleichsetzt, sondern nach dem in Christus geoffenbarten Heilswillen Gottes in den biblischen Texten und der aus diesem Willen Gottes immer wieder neu abzuleitenden Orientierung für Leben und Handeln in seiner Kirche fragt. Die Kirche Jesu Christi hat sich auf dem Weg durch Zeit und Welt immer neuen Herausforderungen und Fragen zu stellen, auf die sie nur von ihren grundlegenden, in der Schrift bezeugten Glaubenswahrheiten her immer wieder neu eine Antwort suchen muss. Dazu gehören exemplarisch folgende Überlegungen:

Wenn nach Gal 3,26–28 die Taufe die Zugehörigkeit zu Jesus Christus begründet und dadurch alle bisherigen religiösen und sozialen Grenzziehungen innerhalb der Gemeinde Jesu Christi ihre bestimmende Kraft verlieren, dann betrifft das nicht nur die religiösen und sozialen Unterschiede und Grenzen zwischen Juden und Heiden, Sklaven und Freien, sondern auch die zwischen Männern und Frauen.

Wenn der Dienst der Wortverkündigung und Sakramentsverwaltung in den Kontext der Gaben, Dienste und Kräfte gehört, die Gott durch seinen Geist zum Nutzen aller – zuvorderst zum Aufbau der Gemeinde – wirkt (1Kor 12,4–11), dann muss zuerst nach diesen Gaben und dem erbauenden Wirken des Geistes durch die jeweiligen Dienste bzw. nach der für sie begabten Person gefragt werden und nicht nach ihrem Geschlecht.

Wenn alle Getauften „Christus angezogen" haben (Gal 3,27) und „in Christus ... neue Schöpfung (Luther: neue Kreatur)" sind (2Kor 5,17; vgl. Gal 6,15), haben auch alle Getauften durch ihr neues Sein in Christus die Eignung, Christus zu repräsentieren.

Wenn die Bindung an Christus jemanden zu neuer Schöpfung bzw. Kreatur macht und das Alte vergangen ist (2Kor 5,17), bedeutet das auch, dass der neu geschaffene Mensch als Teil einer neuen Schöpfungsordnung gedacht ist, die er als Glaubender in der alten Schöpfungsordnung repräsentiert. Das ist auch gegen anderslautende Anwendungen von Gen 2 f. in neutestamentlichen Zusammenhängen (s. o.) festzuhalten; die Stellen, die die Unterordnung der Frau unter den Mann mit Gen 2 f. begründen, müssen sich auf ihre Evangeliumsgemäßheit hin befragen lassen.

Bereits Martin Luther hatte in seiner „Anderen Erklärung der Epistel an die Galater" darauf verwiesen, dass für die Frage, ob Frauen nach 1Kor 14,33a–35 im Gottesdienst schweigen

sollen, Gal 3 als das vorgeordnete theologische Prinzip anzusehen sei, weil es sich in 1Kor 14 (nur) um eine Frage der
Ordnung bzw. Gestaltung des Gottesdienstes handele. Für
seine eigene Zeit konnte Luther sich jedoch nur für den Ausnahmefall vorstellen, dass auch Frauen das Predigtamt aus-
führen (vgl. seine Predigt über 1Petr 2,5 aus dem Jahr 1523;
WA 12,309,1 ff.).

Bei der Suche nach neuen Antworten für die eigene Kirche in
veränderter Zeit geht es zumindest in diesem Fall nicht um
ein Verurteilen früherer oder in anderem Kontext gewonnener
Einsichten aus der Schrift. Es geht vielmehr um ein Hören auf
die Schrift unter den im eigenen Kontext veränderten, aktuellen Bedingungen und um die begründete Erwartung, dass sie
in dieser Situation für den fragenden und hörenden Glauben
neue Einsichten freisetzt und neu zur Geltung bringt. Gerade
beim Thema Ordination von Frauen kann man jedoch auch
exemplarisch sehen, wie schwer es Kirchen gefallen ist, die in
veränderter Zeit neu gewonnenen und für die eigene Zeit und
Situation als richtig erkannten theologischen Einsichten auch
konsequent umzusetzen. Aus heutiger Sicht kann man nur sagen, dass die Kirche hier viel zu lange hinter dem Evangelium
zurückgeblieben ist.

Weil mit dem Thema „Ordination von Frauen" einerseits neue,
gegenüber der neutestamentlichen Zeit deutlich veränderte
Herausforderungen verbunden sind, andererseits grundlegende theologische Fragen nach dem Selbstverständnis der
Kirche als Leib Jesu Christi berührt werden, reicht es – wenn
man noch einmal auf konkrete Texte blickt – nicht aus, Antworten zur Frage der Ordination von Frauen allein in den
neutestamentlichen Texten zu suchen, die sich explizit auf die

Rolle von Männern als Apostel beziehen; oder auf neutestamentliche Ämtermodelle, die in der konkreten Ausgestaltung dem heutigen Pfarramt gar nicht unmittelbar entsprechen; oder auf die vielfältigen Rollen von Frauen in frühchristlichen Gemeinden. Hier finden sich zwar zahlreiche Angaben und Details, sie sind in allen Fällen jedoch weder in sich einheitlich noch miteinander harmonisierbar, denn sie bieten ein diverses, durch unterschiedliche historische Situationen gekennzeichnetes Bild. Es zeigt sich u. a. aber auch, dass theologischen Grundsätzen wie Gal 3,26–28 und 1Kor 12,4–11 sowie 2Kor 5,17 schon damals eine gemeindliche Praxis entsprochen hat und dass Frauen in frühchristlichen Gottesdiensten, gerade auch in Korinth, nicht geschwiegen, sondern genau wie Männer gebetet und prophetisch geredet und damit ihre Gaben zum Aufbau der Gemeinde auch eingesetzt haben (vgl. 1Kor 11,4 f.).[7]

Insofern geht es an manchen Stellen heute um ein Wiederentdecken von theologischen Grundsätzen und deren Anwendung auf eine konkrete, gegenüber der Antike allerdings doch erheblich veränderte Situation. Insgesamt müssen diese theologischen, am Evangelium ausgerichteten Grundsätze heute – bei aller Berücksichtigung historisch nachweisbarer Konstellationen, in denen Frauen eine aktive Rolle in der Nachfolge Jesu und in der frühchristlichen Verkündigungspraxis eingenommen haben – im Vordergrund stehen; und es sind alle Angaben und Konzepte in den neutestamentlichen Texten danach zu befragen, ob sie diesen theologischen Grundsätzen entsprechen oder von ihnen abweichen.

---

7 Vgl. u. a. auch Apg 21,9; auch theologische Lehre wurde von Frauen Männern gegenüber geleistet: Apg 18,26.

2. Die vielfältigen Konsequenzen aus einem historisch-theologisch differenzierenden Verständnis der Bibel

Wie kann es aber sein, dass Kirchen trotz eines historisch-differenzierenden Verständnisses der Bibel zu unterschiedlichen Entscheidungen im Hinblick auf die Ordination von Frauen kommen, und dies sogar im innerevangelischen Bereich? Wenn biblische Texte immer wieder mit anderen biblischen Texten, konkrete Einzelanweisungen mit übergreifenden, am Evangelium orientierten Prinzipien in ein Verhältnis gebracht und historisch und theologisch eingeordnet werden müssen, um herauszufinden, was das hier und heute schriftgemäße und christlich gebotene Handeln ist, dann kann es durch differente Gewichtungen innerhalb der biblischen Tradition und differente Bestimmungen von Intentionen neutestamentlicher Aussagen auch zu differenten Antworten – etwa im Hinblick auf die Ämterlehre – kommen. Diese Differenzen liegen auf einer anderen Ebene als die eingangs genannten Differenzen zwischen einem ahistorisch-unmittelbaren und einem historisch-theologisch differenzierenden Verständnis von Schrift.

Innerhalb eines historisch und theologisch differenzierenden Verständnisses der Bibel stellen sich exegetisch und dogmatisch nicht einfach zu beantwortende Fragen. Das betrifft u. a. die Wesensmerkmale von Kirche: Was ist z. B. Apostolizität? Sie wird im altkirchlichen Bekenntnis von Nizäa-Konstantinopel in der Formulierung „die eine, heilige, christliche und apostolische Kirche" für die Kirche grundlegend in Anspruch genommen und meint ihre Verbindung und Übereinstimmung mit dem in der Schrift enthaltenen Zeugnis der Apostel von Jesus Christus. Wie ist diese Verbindung aber genauer zu bestimmen? Und was macht in diesem Zusammenhang das ordinationsgebundene Amt aus? Auch die Christologie ist berührt: Wer war Christus? Ist seine Gottessohnschaft nur maskulin zu verstehen oder hat er als Gottessohn die ganze menschliche Natur angenommen? Hat er selbst verfügt, dass nur Männer ihn repräsentieren können? Oder kann ihn jede und jeder Getaufte vollumfänglich repräsentieren?

Die meisten reformatorischen Kirchen und einige von Rom getrennte Kirchen (z.B. Altkatholische Kirche in Deutschland, Anglikanische Kirche von England) haben in der Folge ihrer umfassenden theologischen Neubesinnung – zunächst mit Übergängen, dann konsequent – inzwischen auch Frauen zum ordinationsgebundenen Amt zugelassen. Die Zulassung schließt ein, dass – anders als in 1Tim 3,1–7 und Tit 1,5–9 vorausgesetzt – ordinierte Frauen zu Bischöfinnen gewählt werden können. Theologisch maßgeblich waren für die Neubesinnung die oben genannten Überlegungen zu Gal 3,26–28; 1Kor 12,4–11 und 2Kor 5,17, aber auch die Folgerungen aus dem eigenen, aus der Schrift gewonnenen Verständnis von der Apostolizität der Kirche. Hier geht es zwar nicht mehr um den unmittelbaren Sachgehalt neutestamentlicher Aussagen, aber um die Frage, wie aus ihren Intentionen verbindliche Kriterien für die nachfolgenden Zeiten abzuleiten sind und wie diese für das eigene kirchliche Selbstverständnis und dessen institutionelle Ausgestaltung fruchtbar gemacht werden können. Im Horizont eines solchen Fragens kann etwa gefolgert werden, dass mit dem Dienst, die Versöhnung bzw. das Evangelium zu predigen (vgl. 2Kor 5,18 f.), kein exklusiv an einen Apostel (und Mann) gebundenes Amt gemeint ist und dass es für die Kirche im Hinblick auf den apostolischen Dienst der Versöhnung in nachapostolischer Zeit, wenn sie das Evangelium in eine veränderte Situation hinein zu verkünden hat, grundlegend und allein auf eine inhaltliche Übereinstimmung mit der Lehre der Apostel ankommt. In der Konsequenz dieser Schlussfolgerung können dann auch alle Christinnen und Christen, die zum – so verstandenen – apostolischen Dienst der Versöhnung beauftragt sind, diesen Dienst ausüben.

Einige evangelische Kirchen wie z.B. die SELK, die lutherische Kirche Lettlands, die römisch-katholische Kirche und die orthodoxen Kirchen bilden hingegen theologisch anders akzentuierte Begründungsmodelle für das, was in ihrer Sicht schriftgemäß ist. Sie fußen u.a. auf den Angaben der Evangelien zu den zwölf Aposteln (Berufung, letztes Abendmahl; vgl. auch Mt 18,18 und Joh 20,29 f.; aber auch 2Kor 5,18–20) bzw. auf einer anders gelagerten Interpretation dieser Texte. Für das Amt in der Kirche in nachapostolischer Zeit wird daraus abgeleitet, dass Frauen zwar öffentliche gemeindliche Dienste ausüben und auch theologische Lehre leisten können, das geistliche Amt/die Priesterweihe jedoch und damit auch das Bischofsamt allein Männern vorbehalten bleibt.

In der römisch-katholischen Kirche erfahren diese Aussagen in lehramtlichen Stellungnahmen ihre besondere Gewichtung. Die Vorgehensweise Jesu, der nur Männer zu Aposteln gewählt und Trägern seines Priestertums eingesetzt hat, wird hier als sein Gründungswille und Gottes Plan für die Kirche verstanden und damit als eine für alle Zeiten gültige Norm betrachtet. Deshalb können nur Männer gültig zu Priestern geweiht werden, um in der Feier der Eucharistie in *persona Christo capitis* zu handeln, indem sie ihn als Haupt der Kirche repräsentieren. In der Konsequenz steht die Aussage, dass die Kirche keine

Vollmacht habe, Frauen die Priesterweihe zu spenden. Hinzu kommt das Argument der kirchlichen Tradition: Von Anfang an wurden in der katholischen Kirche in der Nachahmung Christi in konstanter Praxis nur Männer ordiniert. Die Apostolizität der Kirche gründet natürlich auch für die römisch-katholische Kirche in den Inhalten des apostolischen Zeugnisses, wird daneben aber auch so verstanden, dass sie exklusiv durch die apostolische Sukzession gewährleistet wird (das heißt durch die ununterbrochene Kette von Amtsträgern, die unmittelbar von den durch Christus eingesetzten Aposteln herkommt). Gleichwohl werden innerkatholisch vonseiten der wissenschaftlichen Theologie aus historisch differenzierender Sicht auf die neutestamentlichen Texte und von Überlegungen zu ihren prinzipiellen Grundsätzen her (z. B. Gottebenbildlichkeit beider Geschlechter nach Gen 1,27; aber auch Gal 3,27 f.; 2Kor 5,17; 1Petr 2,5) immer wieder auch Argumente für eine Öffnung hin zur Priesterweihe von Frauen vorgebracht.[8]

Eine Reihe von Kirchen belegen Zwischenpositionen. In der weltweiten Ökumene gibt es Kirchen, die aus theologischen Gründen im Prinzip der Ordination von Frauen zustimmen, aber praktisch große Hindernisse bei der Akzeptanz von Pfarrerinnen in ihren stark männlich dominierten Gesellschaftsstrukturen sehen und ihnen daher nur eingeschränkte pfarramtliche Aufgaben zugestehen. Einige anglikanische Kirchen in Afrika ordinieren zwar Frauen, lassen sie aber nicht zum Bischofsamt zu. Der Zugang zum ordinierten Amt verbindet sich praktisch in allen genannten Fällen mit der Frage nach dem Zugang zur oberen und obersten Leitungsebene einer Kirche als Institution.

---

8 Vgl. Georg Kraus: Frauenordination: Ein drängendes Desiderat in der katholischen Kirche, in: Stimmen der Zeit 136 (2011) 795–803.

Relevant wird die Frage der Ordination von Frauen immer wieder im ökumenischen Dialog. Die gegenseitige Anerkennung der Ämter zwischen den Kirchen hängt nicht nur, aber auch an dieser Frage. Das wissenschaftlich-theologische Gespräch hat hier seine bleibende Aufgabe. Es muss biblische Texte und die aus und an ihnen für die Gegenwart abzuleitende Wahrheit des Evangeliums mit Traditionen, Prägungen, gemeindlichen wie kirchlichen Erfahrungen in einen kritischen, gleichwohl plausiblen und tragfähigen Gesamtzusammenhang bringen, der für die eigene Kirche die dem Evangelium entsprechende und daher als richtig erkannte Überzeugung wahrt und dafür im ökumenischen Gespräch dann auch wirbt. Auch wenn die Konfessionen und Kirchen untereinander teils noch weit von einem Konsens entfernt sind, können sie sich doch mittlerweile in einer gemeinsamen Lerngeschichte verstehen und vertrauen in gemeinsamer Hoffnung darauf, dass diese Geschichte durch das schöpferische Wirken des Geistes Gottes mitgestaltet wird und darauf im Letzten auch angewiesen bleibt.

Wo evangelische Kirchen, wie die Kirchen der EKD, die Ordination von Frauen praktizieren und Frauen in das Amt der Bischöfin berufen, lassen sie sich leiten von der Erkenntnis, dass in Christus alle bisherigen religiösen und sozialen Grenzziehungen innerhalb der Gemeinde Jesu Christi ihre trennende Kraft verloren haben (Gal 3,28) und der Dienst an Wort und Sakrament sowie die Wahrnehmung des bischöflichen Dienstes von ihrem Auftrag her zu verstehen sind. Sie haben erkannt, dass sie in ihrer eigenen Geschichte viel zu lange hinter dieser Einsicht zurückgeblieben sind, und treten dafür ein, dass sich auch andere Kirchen der Praxis der Ordination von Frauen öffnen.

4.3 Etüde: Grundlegung einer evangelischen Umweltethik

1. Biblisch-theologische Verantwortung zu Fragen, die es nicht in der Bibel gibt

Der Schutz der Umwelt bzw. ein angemessener Umgang mit der Herausforderung des Klimawandels sind Themen, für welche die Bibel unmittelbar bzw. direkt nichts an die Hand gibt. Es gibt in der Schrift nicht einmal annäherungsweise eine Ahnung davon, dass die Natur durch exzessive Ausbeutung des Menschen aus einem natürlichen Gleichgewicht geraten könnte.

Das Thema Bewahrung der Schöpfung beschäftigt die kirchliche wie politische Öffentlichkeit schon seit Jahrzehnten.[9] Für die Kirchen ist es eine besondere Herausforderung an ihre „Mehrsprachigkeitskompetenz", in dieser Thematik eine Haltung zu entwickeln, die sich als Auslegung der biblischen Texte im Lichte des Evangeliums, als Wahrnehmung heutiger Herausforderungen und als Beitrag zur öffentlichen Debatte in einer pluralen Gesellschaft vertreten lässt.

In jeder ethischen Abwägung gilt es, Normerwägungen und Sachverhaltswahrnehmungen aufeinander zu beziehen. Im Falle der ökologischen Krise ist die Erkenntnis des vom Menschen verursachten Klimawandels nicht nur ein wichtiger Be-

---

9 Schon auf der Vollversammlung des ÖRK in Nairobi 1975 wurde die Zusammengehörigkeit von ökologischem Gleichgewicht und sozialer Gerechtigkeit betont. In Vancouver wurde 1983 der Konziliare Prozess für Gerechtigkeit, Frieden und Bewahrung der Schöpfung gesprochen. Die EKD hat sich immer wieder zur Thematik geäußert, in der gemeinsamen Erklärung des Rates der EKD und der Deutschen Bischofskonferenz „Verantwortung wahrnehmen für die Schöpfung" (1985), in der EKD-Denkschrift „Umkehr zum Leben. Nachhaltige Entwicklung im Zeichen des Klimawandels" (2009) und zuletzt im EKD-Text 130 „Geliehen ist der Stern, auf dem wir leben" *(2018)*.

zugspunkt, sondern der Auslöser dafür, dass wir nach ethischen Normen für den Umgang mit den ökologischen Herausforderungen fragen.

Schon in die Wahrnehmung des Sachverhaltes spielen unterschiedliche Faktoren hinein: Die Erkenntnisse der Bio- und Geowissenschaften haben eine zentrale Bedeutung. Wir brauchen verlässliche Informationen und seriöse Abschätzungen über die Entwicklungsprozesse in einem Gebiet, das sich als hochkomplex erweist und letzte Eindeutigkeiten von Prognosen nicht ermöglicht. Es bedarf hier nicht nur unabhängiger Forschung, sondern auch einer angemessenen Vermittlung an die breite Öffentlichkeit. Denn hier sind starke ökomische und politische Interessen berührt, die schon auf die wissenschaftliche Forschung selbst und noch mehr auf ihre öffentliche Debatte zurückwirken.

Den Kirchen selbst kommt in dieser Hinsicht keine ihnen eigentümliche Expertise zu. Entsprechend nüchtern wird sie einschätzen müssen, welche Kompetenzen sowohl die Mitglieder der Kirche als auch die Öffentlichkeit kirchenleitenden Stellungnahmen zugestehen und welche Wirkung kirchliche Äußerungen vor diesem Hintergrund haben können. Zugleich sind die Fragen, die mit dem Klimawandel aufgeworfen werden, viel zu gewichtig, als dass sich nicht gerade auch die Kirchen an den Lernprozessen und Kooperationen zu beteiligen hätten, die der Klimawandel auf globaler Ebene erzwingt.

2. Das christliche Weltverständnis

Für die heutige ökologische Krise gibt es in den biblischen Texten weder Einzelgebote noch übergreifende Prinzipien, die sich direkt auf den Schutz der Umwelt im heutigen Sinne beziehen. Relevant ist jedoch das Verständnis von der Welt insgesamt, wie es mit dem christlichen Glauben gegeben ist.

Wie in allen ethischen Debatten ist das Ringen um eine möglichst sachgemäße Wahrnehmung der Realität nie neutral bzw. unberührt von umfassenderen Prägungen unserer Welterfahrung.

Im Lichte des Evangeliums wird die Welt als Schöpfung Gottes und damit als gute Gabe Gottes gesehen. *„Die Erde ist des Herrn und was darinnen ist, der Erdkreis und die darauf wohnen."* (Ps 24,1)

In der Geschichte des Christentums ist das Verhältnis zur belebten und unbelebten Umwelt bisweilen zu stark in den Hintergrund geraten. In den biblischen Texten zeigt sich eine Verknüpfung zwischen dem Schöpfungsglauben und einer vertieften Wahrnehmung der Welt.[10] Aus ihr erschließt sich eine bis heute hilfreiche Erfahrung der Eingebundenheit des Menschen in die Gemeinschaft aller Kreaturen.

Der in den beiden Schöpfungsberichten gegebene Gestaltungsauftrag des Menschen gegenüber der Erde ist gegründet in einer Sicht der Erde als gute Gabe des Schöpfers und Auftrag, seinem Schöpfungswillen gemäß die Welt zu gestalten. Der Mensch soll dem Schöpferwillen in der Fürsorge für die geschöpfliche Welt entsprechen. Der Auftrag zur Herrschaft über die Erde (*„dominium terrae"*) in Gen 1,28 ist in der Bibel nicht als Unter-

---

10 Vgl. die Ausführungen alttestamentlicher Exegese über die Gotterfülltheit der Welt in den biblischen Texten. Bernd Janowski, Anthropologie des Alten Testaments. Grundfragen – Kontexte – Themenfelde, Tübingen 2019, 333; 359.

werfung der Natur unter den Willen des Menschen verstanden, sondern im Sinne der „Haushalterschaft", wie sie dem Willen des Schöpfers für seine Schöpfung entspricht. Aus diesen schöpfungstheologischen und anthropologischen Grundsätzen lässt sich der Gedanke ableiten: Wir sind als Ebenbilder Gottes berufen, die Erde im Sinne des Schöpferwillens Gottes als bewohnbaren Lebensraum zu bebauen und für die Menschheit als Ganze zu bewahren (vgl. Gen 2,15).

Diese Schöpfung Gottes wird nicht nur bezeugt, sondern auch besungen und bestaunt. Wenn die biblische Schöpfungserzählung Gott und Welt unterscheidet (vgl. Gen 1), dann nicht, um sich von der Welt abzuwenden, sondern um Gottes schöpferisches Wirken in allen Dingen zu finden. Die Bibel beschreibt die Welt als auf Gott hin offen und von Gott erfüllt. *„Die Himmel erzählen die Ehre Gottes."* (Ps 19,2) In der Wahrnehmung der biblischen Texte betet die ganze Schöpfung Gott an, beten Himmel und Erde, die Berge und die Tiefe, Bäume und Tiere (vgl. Ps 96,11 ff.; Ps 104; Jes 44,23). Zugleich ist der Menschen ganz und gar in die Natur hineingestellt: gemacht aus ihrem Stoff (vgl. Gen 2,7), am selben Tag erschaffen wie alle Tiere, wie diese mit Leben und Seele begabt (vgl. Gen 1,24 ff.). Gott wendet sich Menschen und Tieren zu (vgl. Gen 6,19; Jon 4,11).

Für die alttestamentliche Weisheitsliteratur ist Gottes weises Wirken bei der Schöpfung Grund für die gute Ordnung der Welt. Sie preist Gott als Schöpfer (vgl. Hiob 38–39) und zeigt den Menschen ihre begrenzte Weisheit auf. Das Gedicht in Hiob 28 preist Wissen und Weisheit der Menschen, die sogar die Berge umgraben, aber dabei der Weisheit Gottes doch nicht auf die Spur kommen.

Zugleich stößt man auf ein Wissen um die Zerstörbarkeit der Schöpfung. In der alttestamentlichen Prophetie gibt es Texte, die von der Verwüstung und Zerstörung der Erde erzählen, diese zwar auf Gott selbst zurückführen, aber als Grund für das zornige Strafhandeln Gottes die Verfehlungen der Menschen nennen (vgl. Jes 24,1–13.19–20; Jer 4,23–28; 14,1–7; Hos 4,1–3; Joel 1,15–20). Die Menschen stellen eine Verbindung her zwischen ihrem Verhalten und den Folgen, die das für die gesamte belebte und unbelebte Erde haben kann. Anders als heute gibt es keinen Begriff von einem menschlichen Handeln, durch das die Umwelt direkt beeinträchtigt wird. Wohl aber gehört zum Glauben an den Schöpfergott das Bewusstsein, dass unser Verhalten und das Geschick der Welt bis hinein in katastrophale Wetter- und Klimaereignisse miteinander verknüpft sind. Im Ruf zur Umkehr zu Gott wird somit Verantwortung nicht nur für das eigene Leben, sondern auch für das Wohl der ganzen Schöpfung übernommen und eingefordert. Diese Verknüpfung von menschlichem und kosmischem Geschick kennt auch das Neue Testament, wenn Paulus vom Seufzen der ganzen Kreatur spricht, die dem vom Menschen herausgeführten Wirkzusammenhang der Sünde ist und sich nach Erlösung sehnt (vgl. Röm 8,18–23).

Eine Wahrnehmung der Welt als Schöpfung Gottes wiederzugewinnen, ist für die Kirche eine gegenwärtige und künftige Aufgabe. Zur Wahrnehmung der Welt gehört auch die Berücksichtigung der ökologischen Thematik im Horizont des weltweiten Christentums. Die globale Dimension sowohl der kirchlichen Debatten als auch unserer Betroffenheit von ökologischen Herausforderungen macht es nötig, dass kirchliche Stellungnahmen die Einsichten der verschiedenen Wissenschaften und anderer Institutionen aufgreifen. Gerade Umweltfragen lassen sich nur im globalen Kontext lösen – und müssen in diesem Horizont diskutiert werden. In der internationalen und teilweise auch in der innerdeutschen Debatte lassen sich – schematisch vereinfacht – zwei grundlegend unterschiedliche Deutungshorizonte der Geschichtserwartung entdecken, die die Frage der Bewältigung der Umweltproblematik prägen. Auf der einen Seite gibt es christliche Stimmen, die von einer apokalyptischen Weltwahrnehmung ausgehen. Sie berufen sich auf biblische Verse wie: *„Wir warten aber auf einen neuen Himmel und eine neue Erde nach seiner Verheißung, in denen Gerechtigkeit wohnt."* (2Petr. 3,13) Und von daher glauben sie, deutlichen kirchlichen Einsatz für eine Bewahrung der Schöpfung ablehnen zu müssen. Kirche habe sich auf die Verkündigung des Evangeliums zu konzentrieren, nicht auf die Rettung einer Welt, die ohnehin einmal weichen wird für den neuen Himmel und die neue Erde im Reich Gottes.

Auf der anderen Seite nehmen andere Strömungen die biblischen Verheißungen einer messianischen Erneuerung der Erde ernst. Hier baut man auf Verheißungen wie *„Und du machst neu das Antlitz der Erde"* (Ps 104,30). Von solchen Verheißungen her und vor allem im Licht des Glaubens an die Auferstehung Jesu Christi von den Toten wird die Zukunft als offen und gestaltbar gesehen, wenn nicht hoffnungsvoll als Ort zunehmender Realisierung göttlichen Friedens. Vor allem der Konziliare Prozess für Gerechtigkeit, Frieden und Bewahrung der Schöpfung hat sich auf solche biblischen Linien bezogen und darin eine Kraftquelle der Hoffnung für weltgestaltendes Engagement entdeckt.

Messianische und apokalyptische Weltwahrnehmungen prallen im globalen Christentum bisweilen konfliktreich aufeinander. Auch in den Debatten in Deutschland spielen sie eine gewisse

Rolle. Der Realismus apokalyptischer Bibeltexte kann durchaus helfen, die Wahrnehmung heutiger Katastrophen zur Sprache zu bringen. Wenn aber apokalyptische Ängste geschürt werden auf Kosten der christlichen Weltverantwortung, wird dadurch das biblische Schöpfungsverständnis verfehlt. In diesem Sinn schrieb Dietrich Bonhoeffer: *„Mag sein, dass der Jüngste Tag morgen anbricht, dann wollen wir gern die Arbeit für eine bessere Zukunft aus der Hand legen, vorher aber nicht."*[11] Und auch das Luther fälschlich zugeschriebene Zitat steht für eine solche Einstellung: „Und wenn ich wüsste, dass morgen die Welt unterginge, würde ich heute noch ein Apfelbäumchen pflanzen." Kirchliche Stellungnahmen sollten künftig ausdrücklicher auf diese verschiedenen christlichen Einstellungen eingehen. Denn an solchen Einstellungen entscheiden sich Art und Ausmaß des Engagements unterschiedlicher christlicher Strömungen. An den Zitaten von Bonhoeffer und Luther wird deutlich, dass die christliche Erwartung des Jüngsten Tages die Weltverantwortung der Christen nicht aufhebt, sie vielmehr in die konkrete Weltverantwortung einweist. Dabei wird sich christliche Weltverantwortung von dem Vertrauen leiten lassen, das dem Glauben an Gott den Schöpfer und Vollender der Welt entspringt und mit dem sich die Hoffnung auf Gottes Treue gegenüber seiner Welt und ebenso die Einsicht in die Begrenztheit des eigenen Handelns verbindet.

In der wissenschaftlichen Theologie, in der kirchlichen Ausbildung wie in gesamtkirchlichen Stellungnahmen insgesamt spielten die Fragen der Schöpfungstheologie und das Thema Schöpfungsfrömmigkeit lange eine eher untergeordnete Rolle. Erst allmählich beginnt man wieder verstärkt, sie zu reflek-

---

11 Bonhoeffer, Widerstand und Ergebung, DBW 8, 36.

tieren und ihren Einfluss auf die ethischen Einstellungen und Einsichten zur Geltung zur bringen. Sowohl für die kritische Auseinandersetzung mit problematischen Weisen der Weltwahrnehmung als auch für die Anknüpfung an Hoffnungsperspektiven kann es nicht genügen, die eigenen Ausführungen ornamental mit biblischen Zitaten zu versehen, ohne dass die eigene kirchliche Verantwortung von diesen Gesichtspunkten geprägt ist.

3. Ethische Normen des Handelns

Neben der grundsätzlichen Bedeutung der christlichen Weltwahrnehmung sind konkrete ethische Normen betroffen. Die Botschaft des Evangeliums von der rettenden Gerechtigkeit Gottes kann weder glaubwürdig noch ganzheitlich verkündigt werden ohne Berücksichtigung ihrer sozialen Implikationen und Konsequenzen.

In dieser Frage gibt es eine breite Rezeption biblischer Gerechtigkeitsmotive, die heute im ökumenischen Konsens als maßgeblich erachtet werden: Gerechtigkeit als Option für die Armen, als konsequente Betrachtung von Teilhabechancen aus der Perspektive der Benachteiligten sowie die Ausrichtung gesellschaftlicher Rahmenbedingungen auf die Förderung von Befähigungsgerechtigkeit. Diese Impulse sind in der ökologischen Krise mehr denn je gefragt.

Vor allem die Industrienationen haben in den letzten Jahrzehnten durch ihre wachstumsorientierte Wirtschaftsweise einen hohen Anstieg des CO_2-Ausstoßes betrieben. Die Folgen werden am stärksten von denen getragen, die diese Krise nicht herbeigeführt haben. Die heutigen Herausforderungen führen uns daher hinaus über den bislang abgesteckten Horizont sozialethischer Gerechtigkeitsdiskurse. Faktisch müssen sich alle auf Veränderungsprozesse einlassen, Verursachende und Leitragende, Ältere und Jüngere. Bisherige Gerechtigkeitsmodelle sind zu erweitern: Sie müssen global gedacht werden, interkulturell, aber auch intergenerationell. Schließlich sind Tier- und Pflanzenwelt in den Blick zu nehmen.

Ökologische Ethik lässt sich zugleich nicht allein im Paradigma von Gerechtigkeitsfragen betreiben. Seit Jahrzehnten gilt Nachhaltigkeit als Schlüsselwert der neueren Debatte. Gemeint ist damit das Leitbild, die zentralen Bedürfnisse aller Menschen so zu befriedigen, dass die natürlichen Umweltbedingungen nicht zerstört, sondern dauerhaft für den Fortbestand von Mensch und Tier erhalten bzw. erneuert werden.

Eine solche Verknüpfung des Gerechtigkeitsmotivs mit ökologischen und ökonomischen Funktionsbedingungen lässt sich nicht einfach unmittelbar aus der Bibel ableiten. Die Perspektive auf die Menschheit als Ganze ist jedoch mit dem Gedanken Gottes als des Schöpfers, Versöhners und Vollenders der Welt verknüpft und dem christlichen Glauben als Orientierung seiner ethischen und dogmatischen Entscheidungen eingeschrieben. Christliche Ethik ist bibelorientiert, aber nicht biblizistisch. Das Prinzip der Nachhaltigkeit ist ein Beispiel dafür, dass das Verständnis der Sachzusammenhänge und die rationale Frage nach dem Lebensdienlichen zu neuen Maßstäben führen. Manchmal entstehen Werte erst im Diskurs praktisch-ethischer Vernunft. Aus Gründen des Glaubens setzen sich die Kirchen für die Pflege der offenen rationalen Auseinandersetzung um das Gute ein (vgl. Jer 29,7). Zugleich bringen sie sich in dieser Debatte ein mit ihrer eigenen Stimme, in der sie ihre biblisch geprägte Weltsicht als Ressource der Hoffnung und des Engagements verdeutlichen und zugleich teilnehmen an der öffentlichen wie rationalen Suche nach dem, was dem Leben dient.

4. Motive des Handelns

Die ökologische Frage konfrontiert uns mit der Herausforderung, dass es nicht nur auf eine sachgemäße Wahrnehmung der Situation und die Erkenntnis notwendiger Veränderungen ankommt. Die Umgestaltung unserer institutionellen und individuellen Lebensweisen erfordert ein hohes Maß an Beharrlichkeit, Veränderungs- und Verzichtbereitschaft und Kreativität. Nötig sind auch innere Motivationsquellen als Kraftressourcen beharrlicher Arbeit und der Einstellung zur eigenen Lebensführung.

Verständlicherweise ist Furcht vor den erheblichen Folgen des Klimawandels ein wesentliches Motiv des zivilgesellschaftlichen Engagements. Die Berechtigung dieses Motivs ist ausdrücklich zu würdigen. Furcht kann Augen öffnen, wie die biblische Weisheitstradition betont (vgl. Spr 1,7). Der Philosoph Hans Jonas sprach von einer Heuristik der Furcht, die in Fragen, die das Überleben der Menschheit betrifft, nötig sei. „Der schlechten Prognose den Vorrang zu geben gegenüber der guten, ist verantwortungsbewusstes Handeln im Hinblick auf zukünftige Generationen."[12]

---

12 Hans Jonas, Das Prinzip Verantwortung. Versuch einer Ethik für die technologische Zivilisation, Frankfurt/Main, 1984, 70.

Furcht kann Augen öffnen und handlungsbereit machen, aber auch verblenden und lähmen. (Über-)Dramatisierung kann unter den Verdacht der interessegeleiteten Manipulation geraten. Gerade weil Angst in der Politik eine so wesentliche Rolle spielt, sollte ihre Rolle differenziert erörtert werden. Dabei ist die Gefahr im Auge zu behalten, dass Dramatisierungen abschreckende oder gleichgültig machende Wirkungen entfalten können.[13] Sachliche Nüchternheit ist eine Frucht und Folge des Glaubens an das Evangelium Gottes, im Geist der biblischen Ermutigung: *„Gott hat uns nicht gegeben den Geist der Furcht, sondern der Kraft, der Liebe und der Besonnenheit."* (2Tim 1,7)

Menschliches Handeln speist sich aus unterschiedlichen Antriebsquellen. Gerade die Vielfalt biblischer Ethiktraditionen ist eine Basis für die Wertschätzung unterschiedlicher Beweggründe. Zur Grammatik biblisch-christlicher Ethik gehört die Einsicht, dass das Handeln aus dem Glauben auf das vorlaufende Widerfahrnis ungeschuldeter Güte reagiert und im Vertrauen auf Gott geschieht. Christinnen und Christen lieben, weil sie geliebt sind, sie wissen sich zur Güte befreit, weil sie Güte erfahren haben. Diese Erfahrung des Evangeliums führt zu einer Haltung der Dankbarkeit.

Eine solche Einstellung kann eine große Hilfe sein, sich beharrlich und konsequent auf notwendige Veränderungen unseres Lebens einzulassen. Es wäre zugleich nicht realistisch, eine solche Haltung allgemein vorauszusetzen oder auch nur als einsichtsfähig zu behaupten. Die Herausforderung ist nicht zu-

---

13 Vgl. die Formulierung: „Das Überleben der Menschheit und auch der Fortbestand der nichtmenschlichen Natur, wie wir sie heute kennen, ist in Gefahr" (EKD-Text 130, 5; wie Anm. 6).

letzt die, Menschen mit unterschiedlichen Werthaltungen und Weltauffassungen anzusprechen.

In der Ethik des 20. Jahrhunderts haben sich schließlich mehr und mehr Ansätze durchgesetzt, die Verantwortung als Schlüsselkonzept einer ethischen Orientierung entwickelt haben. In der Verantwortung vor Gott stellen sich Gläubige der Unbedingtheit des göttlichen Gebotes der Nächstenliebe. Konkret bedeutet das die Übernahme der berechtigten Interessen anderer in das eigene Wollen und Handeln. Solche Verantwortung erstreckt sich gleichermaßen auf die Folgen des eigenen Handelns wie auch seiner Unterlassung. Eine solche Haltung bedarf der Bildung und Kommunikation innerhalb unterschiedlicher Gemeinschaften und über weltanschauliche Unterschiede hinweg.

5. Zukunftsaufgaben

Zu den Herausforderungen gesellschaftlicher Transformationen gehört es nicht zuletzt, Ziel- und Güterkonflikte wahrzunehmen und ihre Ausverhandlung zu moderieren. Der Umstieg in eine neue Art des Wirtschaftens kann mit Nachholbedürfnissen an klassischem Wirtschaftswachstum in Konflikt geraten. Notwendige Veränderungen sind auf freiwillige Partizipation demokratisch legitimer Mehrheiten angewiesen. Die Perspektiven ökologischer Nachhaltigkeit und sozialer Gerechtigkeit können unterschiedliche Präferenzen generieren.

Kirchen können sich in diese Debatten nur dann sinnvoll einbringen, wenn sie zugleich parteiisch für ihre Werte und überparteiisch als Aushandlungsort unterschiedlicher Überzeugungen erscheinen. Damit stehen die Kirchen auch vor der Herausforderung, sich die Anerkennung als glaubwürdige und kompetente Gesprächspartnerin zu erarbeiten. Dafür ist es sicher nötig, dass die Kirchen in ihrem Einflussbereich leben, was sie vertreten, und sich zugleich als sachkundig im Blick auf Forschung und gesprächsfähig im Umgang mit unterschiedlichen Positionen erweisen.

Relevanz werden ihre Beiträge nur da erlangen, wo sie mehr bieten als eine religiöse Verdoppelung der Beiträge, die andernorts erarbeitet und vertreten werden. Dafür wird es nötig sein, dass sie ihr eigenes im Glauben an das Evangelium gewonnenes Weltverständnis sowohl biblisch fundiert formulieren als auch nachvollziehbar kommunizieren können. Nur so können die Stellungnahmen kirchlicher Organe von einem größeren Anteil der Mitglieder bzw. der positiv Verbundenen angeeignet werden.

Nötig ist es schließlich, dass die Kirche in ihren Gemeinden, aber auch sozialen Einrichtungen und Bildungsstätten Räume für solche spirituelle Erfahrungen öffnet, die zum Engagement für Gottes gute Schöpfung, für Klimagerechtigkeit und eine nachhaltige Transformation unserer Lebens- und Wirtschaftsweise sensibilisieren und befähigen. Zu verstärken sind daher schon bestehende Ansätze zu einer Erneuerung einer Schöpfungsfrömmigkeit.

Weiterführende Literatur

Claritas scripturae? Schrifthermeneutik aus evangelischer Perspektive. Im Auftrag der Vereinigten Evangelisch-Lutherischen Kirche Deutschlands (VELKD) hg. v. Christina Costanza, Martin Keßler, Andreas Ohlemacher. Leipzig: 2020.

Dalferth, Ingolf. Wirkendes Wort. Bibel, Schrift und Evangelium im Leben der Kirche und im Denken der Theologie. Leipzig: 2018.

Focken, Friedrich-Emanuel, Frederike van Oorschot. Schriftbindung evangelischer Theologie. Theorieelemente aus interdisziplinären Gesprächen. ThLZ.F 37. Leipzig: 2020.

Landmesser, Christof, Hartmut Zweigle (Hgg.). Allein die Schrift? Die Bedeutung der Bibel für Theologie und Pfarramt. Theologie Interdisziplinär 15. Neukirchen-Vluyn: 2013.

Nüssel, Friederike (Hg.). Schriftauslegung. Themen der Theologie 8. Tübingen: 2014.

Rechtfertigung und Freiheit. 500 Jahre Reformation 2017. Ein Grundlagentext des Rates der Evangelischen Kirche in Deutschland (EKD). Gütersloh: 2014, [4]2015.

Schrift – Bekenntnis – Kirche. Ergebnis eines Lehrgesprächs der Gemeinschaft Evangelischer Kirchen in Europa. Michael Bünker (Hg.). Leuenberger Texte 14. Leipzig: 2013.

Wick, Peter, Malte Cramer. Allein die Schrift? Neue Perspektiven auf eine Hermeneutik für Kirche und Gesellschaft. Stuttgart: 2019.

Zimmermann, Ruben, Susanne Luther (Hgg.). Studienbuch Hermeneutik. Bibelauslegung durch die Jahrhunderte als Lernfeld der
Textinterpretation. Portraits – Modelle – Quellentexte. Gütersloh: 2014.

Quellen

Die Bibel. Nach Martin Luthers Übersetzung. Lutherbibel revidiert 2017.

Unser Glaube. Die Bekenntnisschriften der evangelisch-lutherischen Kirche. Ausgabe für die Gemeinde. Im Auftrag der Vereinigten Evangelisch-Lutherischen Kirche Deutschlands (VELKD) hg. vom Amt der VELKD. Redaktionell betreut von Johannes Hund und Hans-Otto Schneider. Gütersloh: 2. Auflage der völlig neu bearbeiteten Auflage von 2013, 2021 (= UG).

Die Bekenntnisschriften der Evangelisch-Lutherischen Kirche. Vollständige Neuedition. Hg. von Irene Dingel u.a. im Auftrag der Evangelischen Kirche in Deutschland. Göttingen: 2014.

Evangelische Bekenntnisse. Bekenntnisschriften der Reformation und neuere Theologische Erklärungen. 2 Bde. Hg. von Irene Dingel u.a. im Auftrag der Union Evangelischer Kirchen in der Evangelischen Kirche in Deutschland. Bielefeld: [5]2008.

Calvin, Johannes. Unterricht in der Christlichen Religion (Institutio Christianae Religionis), nach der letzten Ausgabe übersetzt und bearbeitet von Otto Weber, Neukirchen 3. Aufl. 1984.

Luther, Martin. D. Martin Luthers Werke. Kritische Gesamtausgabe (Weimarer Ausgabe). Weimar: 1883 ff. (= WA).

Siglen für die Texte aus den Bekenntnisschriften:

CA = Confessio Augustana
Gr. Kat. = Großer Katechismus
SA = Schmalkaldische Artikel
SD = Solida Declaratio

Kammer für Theologie der EKD

Mitglieder

- Prof. Dr. h. c. Christine Axt-Piscalar (stellv. Vorsitzende)
- Prof. em. Dr. Dr. h. c. Michael Beintker (stellv. Vorsitzender)
- Prof. Dr. Martina Böhm
- Direktor i. R. Dr. Dr. h. c. Peter Bukowski
- Prof. Dr. Corinna Dahlgrün
- Prof. Dr. Hans-Joachim Eckstein
- Bischof i. R. Dr. Martin Hein
- Steve Kennedy Henkel
- Prof. Dr. Kirsten Huxel
- Prof. Dr. Volker Leppin
- Prof. Dr. Christl M. Maier
- Prof. Dr. Dres. h. c. Christoph Markschies (Vorsitzender)
- Prof. Dr. Michael Moxter
- Prof. Dr. Miriam Rose
- Direktor Dr. Stephan Schaede
- Prof. Dr. Arnulf von Scheliha
- Pröpstin i. R. Gabriele Scherle
- PD Dr. Heike Springhart
- Prof. Dr. Heike Walz
- Dr. Johanna Will-Armstrong
- Prof. Dr. Hinnerk Wißmann

Ständige Gäste

- Prof. Dr. Thorsten Dietz
- Vizepräsident Dr. Thies Gundlach
- Pfarrer Dr. Martin Hirzel
- Prof. Dr. Thomas Söding

Weitere Gäste

- OKR Dr. Andreas Ohlemacher (VELKD)
- OKR Dr. Albrecht Philipps (UEK)

Geschäftsführung

- OKR Dr. Martin Hauger (Kirchenamt der EKD)

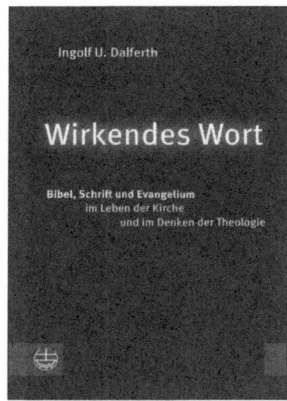

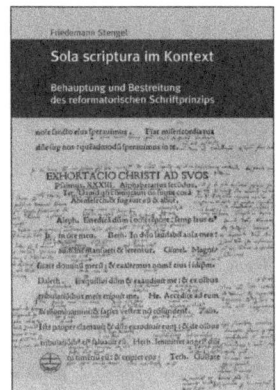

Friedemann Stengel

Sola scriptura im Kontext

Behauptung und Bestreitung des reformatorischen Schriftprinzips

Forum Theologische Literaturzeitung (ThLZ.F) | 32

136 Seiten | Paperback
12 x 19 cm
ISBN 978-3-374-04536-5
EUR 18,80 [D]

Am Schriftprinzip scheiden sich die Geister. Manche sehen in der Bibel eine Inkarnation des Wortes Gottes, einige bemühen sich um die Umdeutung des Schriftprinzips als Wegbereiter einer fortschrittlichen Geistesgeschichte, anderen gilt es vor allem als abgrenzendes Wesensmerkmal des Protestantismus gegenüber anderen Christentümern. Bei vielen hat sich die Rede von der Krise des Schriftprinzips als Selbstverständlichkeit eingebürgert; manche fordern ganz seine Abschaffung. Der vorliegende Beitrag geht von diesen disparaten Debatten zurück in das frühe 16. Jahrhundert, um den konkreten Positionen und historisch bedingten Grenzen auf die Spur zu kommen, zwischen denen das Argumentieren mit der Heiligen Schrift als alleinigem göttlichen Wort entwickelt worden ist. Der Blick in diese Entstehungszusammenhänge kann in den aktuellen Diskussionen zur Aufklärung beitragen.

EVANGELISCHE VERLAGSANSTALT
Leipzig www.eva-leipzig.de

Tel +49 (0) 341/ 7 11 41 -44   shop@eva-leipzig.de

Nadine Hamilton |
Stephen James Hamilton |
Christoph Wiesinger (Hrsg.)

Sola Scriptura

Zur Normativität der
Heiligen Schrift

*Beihefte zur Ökumenischen
Rundschau (BÖR) | 125*

216 Seiten | Paperback
14,5 x 21,5 cm
ISBN 978-3-374-06479-3
EUR 34,00 [D]

In zehn Beiträgen zur Frage nach der Normativität der Heiligen Schrift untersucht dieser Tagungsband Normierungsprozesse, die Geschriebenes und Überliefertes zu Verbindlichkeit und Normativität führen. Dazu werden historische und politische Bedingungen reflektiert, die normative Diskursformationen entstehen lassen. Offenkundig ist dabei, dass es um eine lebendige Praxis geht, die noch heute darum ringt, in welchem Sinn der Kanon als „einige Regel und Richtschnur" (Epit.I) zu gelten hat. Damit will dieses Gespräch dazu beitragen, nicht von einem Schriftprinzip als vielmehr von einem Streitprinzip zu sprechen, wenn es die Heilige Schrift als normative Richtschnur durch Erfahrung je neu auf die Probe gestellt sieht.

EVANGELISCHE VERLAGSANSTALT
Leipzig   www.eva-leipzig.de

Tel +49 (0) 341/ 7 11 41 -44   shop@eva-leipzig.de